**POLITISCHER KITSCH**

Alexander Grau

# Politischer Kitsch

Eine deutsche Spezialität

Copyright © Claudius Verlag, München 2019
www.claudius.de

Alle Rechte vorbehalten. Das Werk darf – auch teilweise –
nur mit Genehmigung des Verlages wiedergegeben werden.
Umschlaggestaltung: Weiss Werkstatt, München
Umschlagbild: © Dja65/shutterstock
Layout: Mario Moths, Marl
Gesetzt aus der DIN und Sabon
Druck: GGP Media GmbH, Pößneck

ISBN 978-3-532-62830-0

# INHALT

| | |
|---|---|
| Vorwort | 7 |
| Einleitung | 11 |
| I. Kitsch und Religion: Das kitschige Bewusstsein | 19 |
| II. Die Erfindung des Kitsches | 39 |
| III. Die Erfindung des politischen Kitsches | 57 |
| IV. Vom totalitären zum absoluten Kitsch | 77 |
| V. Infantilisierung, Emotionalisierung, kitschiges Bewusstsein | 95 |
| VI. Eine deutsche Spezialität | 111 |
| Anmerkungen | 125 |

# VORWORT

Politischer Kitsch hat Hochkonjunktur. Sentimentale Worthülsen, penetrante Gefühligkeit, süßliche Bilder und betroffenheitsschwangere Gesten bestimmen den öffentlichen Diskurs. Die gesellschaftlichen Debatten sind geprägt von einer Mischung aus aggressiver Rührseligkeit, überspannter Empfindsamkeit und peinlichen Politritualen.

Doch Konjunktur hat nur, was auch erfolgreich ist. Das bedeutet: Kitschige Politkommunikation wird häufig nicht als unpassend oder peinlich empfunden, sondern als authentisch und ehrlich. Politiker oder Aktivisten, die sich kitschiger Floskeln und Inszenierungen bedienen, wirken anscheinend besonders glaubwürdig, einfühlsam und bodenständig. Larmoyanz, Sentimentalität und eine leicht hysterische Überreiztheit wird von vielen Menschen nicht als unangemessen oder aufdringlich empfunden, sondern als wohltuender Kontrast zum sachlichen Realpolitiker und kühlen Politprofi. Kitschige Kommunikation, so ist zu vermuten, gilt als Indiz für Menschlichkeit, echte Gefühle und Anteilnahme. Und Gefühle und Anteilname sind etwas, was Menschen zunehmend auch von Politikern erwarten. Kurz: Es gibt ein Bedürfnis nach politischem Kitsch, sonst gäbe es ihn nicht.

Das bedeutet zugleich, dass Kitsch als Mittel öffentlicher Kommunikation kein isoliertes Phänomen politischer Ästhetik ist, sondern Ausdruck psychosozialer Entwicklungen. Der Siegeszug des politischen Kitsches ist Teil eines soziologisch und kulturell bedingten Mentalitätswandels. Der allerdings ist alles andere als harmlos. Denn eine Gesellschaft, die politische Fragen zunehmend im Modus zur Schau getragener Gefühligkeit behandelt, weil andere Formen der Kommunikation als zu nüchtern, abgeklärt oder sachbezogen empfunden werden, verweigert sich der Realität und gefährdet ihre Fähigkeit, Herausforderungen schnell und effizient zu lösen. Insbesondere die Massenmedien bevorzugen es, betroffenheitsschwanger tragische Schicksale und verzweifelte Menschen vorzuführen und so sachliche Diskussionen im Keim zu ersticken. Das ist auch deshalb problematisch, weil politischer Kitsch unverkennbar autoritäre Politik zu legitimieren scheint. Wenn Augenmaß, Sachverstand und Nüchternheit verloren gehen, wenn die Gesellschaft rhetorisch in einen andauernden Alarmzustand versetzt wird, wenn überspannte Emotionen und süßliches Pathos die öffentliche Debatte bestimmen, dann sind rationale Diskussionen kaum noch sinnvoll führbar. Dann dominieren von Aktivisten geschürte Affekte und Ressentiments die öffentlichen Diskussionen. Der Raum der überhaupt noch als legitim empfundenen Meinungen wird permanent enger. Jeder, der nicht bereit ist, sich auf den verkitschten Diskurs einzulassen, wird als Unmensch entlarvt. Politischer Kitsch ist daher nicht einfach nur ein Verstoß gegen die politische Ästhetik und eine Beleidigung der nüchternen Vernunft, sondern auch eine Gefahr für die offene Gesellschaft.

# EINLEITUNG

Deutschland versinkt im politischen Kitsch: Bei jeder passenden oder unpassenden Gelegenheit formiert sich die Riege der Engagierten und Betulichen zu ergreifenden Lichterketten, anrührenden Mahnwachen oder herzerwärmenden Solidaritätsbekundungen. Und wenn das alles nicht genug ist, dann versammelt man sich zu einem bedeutungsschweren Schweigemarsch. Immer zur Hand dabei das unentbehrliche Equipment aller Rührseligen und Betroffenen: Kerzen, von Kinderhand gemalte Bilder, sentimentale Sinnsprüche, bunte Blumen und natürlich Kuscheltiere aller Art und Größe.

Dies alles geschieht, um „Zeichen zu setzen" oder „Gesicht zu zeigen". Hier sammelt sich die „Zivilgesellschaft", etwa zum „Aufstand der Anständigen", gern zeigt man sich „wachsam" und „engagiert", insbesondere wenn etwas auf dieser Welt einem „Angst macht". Dann versammelt sich das erbauungsgierige Publikum, um der gesammelten Phraseologie moralischer Einfalt und den gängigen Plattitüden guter Gesinnung zu lauschen – vorgetragen vorzugsweise durch Protagonisten der Unterhaltungsbranche, also Fachleuten für Emotionalisierung, oder am besten gleich durch Kinder.

Als Hochfeste des politischen Kitsches erweisen sich die Großveranstaltungen der Kirchen. Insbesondere die Kirchentage bedienen sich eines von penetranter Rührseligkeit triefenden Vokabulars, unerträglich sentimentaler Bilder, einer zutiefst einfältigen Sprache und einer gedanklichen Vereinfachung, die man erwachsenen Menschen zunächst kaum zutraut.

Was an diesen öffentlichen Äußerungen und Darbietungen irritiert, ist zunächst weniger der Inhalt. Nichts spricht schließlich gegen Umweltschutz, Frieden oder Humanität. Und dass es in einer Demokratie nicht nur erlaubt, sondern sogar erwünscht ist, öffentlich die eigenen Sorgen, Nöte, Wünsche oder Hoffnungen zu artikulieren, ist ohnehin selbstverständlich.

Was die öffentlichen Bekundungsrituale der Gutmeinenden jedoch häufig so abstoßend macht, ist das gnadenlos Infantile der jeweiligen Selbstdarstellung, das Aufgekratzte und Gefühlige der benutzten Sprache, die süßlichen Bilder und Metaphern, kurz: der unerträgliche politische Kitsch, der hier von erwachsenen und (vermutlich) denkenden Menschen inszeniert wird.

Politischer Kitsch, das machen schon die wenigen oben genannten Beispiele deutlich, verwendet ästhetischen Kitsch zur Kommunikation einer politischen Botschaft oder eines gesellschaftlichen Anliegens. Doch politischer Kitsch ist nicht einfach nur ästhetischer Kitsch in der Politik. Das wäre banal und nicht weiter der Rede wert. Politischer Kitsch ist vielmehr das Ergebnis einer inneren politischen Haltung, eines politischen Bewusstseins, das selber kitschig ist und sich konsequenterweise des ästhetischen Kitsches bedient, um seine Anliegen zu artikulieren.

Basis des kitschigen Politbewusstseins, so eine der Thesen des vorliegenden Essays, ist der moralische Kitsch. Er ist das psychologische Fundament, auf dem der politische Kitsch gedeiht, der sich dann des ästhetischen Kitsches bedient.

Wie der ästhetische Kitsch, so baut auch der moralische Kitsch vor allem auf Sentimentalität. Sein Feld ist die zur Schau getragene Empfindsamkeit. Dementsprechend geht es ihm nicht um eine rationale Analyse oder gar um das Abwägen verschiedener Perspektiven.

Rationalismus und kühle Vernunft sind für ihn schlichter Zynismus. Das kitschige Bewusstsein will nicht verstehen, es will dazugehören und geborgen sein. Geborgen aber fühlt es sich nur in einer überschaubaren und geordneten Welt. Deshalb basiert der moralische Kitsch auf Komplexitätsreduktion. Für ihn gibt es nur Gut und Böse, Hell und Dunkel.

Damit der moralische Kitsch massenkonsumierbar wird, muss er sich jedoch politisch organisieren. Da der demokratische Politbetrieb aber auf Kompromissen beruht, auf der Organisation von Macht und einem berechnenden Zweckrationalismus, also auf etwas, was dem kitschigen Bewusstsein wesensfremd ist, formiert es sich gerne außerhalb staatlicher oder parteipolitischer Institutionen. Zumindest in postindustriellen Wohlstandsdemokratien wird politischer Kitsch weniger vom Staat organisiert und präsentiert, er ist vielmehr eine Kommunikationsform der „Zivilgesellschaft" geworden, also einer gesellschaftlichen Struktur, deren Existenz und gebetsmühlenartige Beschwörung ihrerseits Produkt des kitschigen Bewusstseins ist. Hier, in der Zivilgesellschaft, also in imaginierter Gemeinschaft der politisch Erleuchteten, der Nichtkorrumpierten und Aufrechten, findet der moralische Kitsch seine ideale Agitationsform. Entsprechend organisiert er sich bevorzugt in Stiftungen, NGOs oder anderen Vereinen und Verbänden. Unbelastet von realpolitischen Erwägungen kann er hier seinem moralischen Maximalismus frönen.

Doch moralischer Kitsch zielt, wie jeder Kitsch, nicht auf Sektierer, sondern auf die Masse. Seine Pointe liegt darin, Moral massentauglich zu machen. Jeder kann hoch moralisch sein, zu jeder Zeit. Man muss einfach nur für den Frieden sein, für Gerechtigkeit, für Umweltschutz oder gegen Nazis. Das kostet nichts, gibt aber ein gutes Gefühl und entlastet von Reflexion. Aus diesem Grund auch sind die Formeln des politischen Kitsches leicht konsumierbar und im Kern belanglos.

Ein Ergebnis ist das Wörterbuch des Polit-Kitsches: Darin versammelt sind Floskeln und Wortbildungen wie „soziale Gerechtigkeit", „Wertegemeinschaft", „Solidarität" und „Mitmenschlichkeit", tränenrührige Phrasen von der Sorte „kein Mensch ist illegal", „kein Blut für Öl" oder auch „Seenotrettung ist kein Verbrechen", aber auch das unvermeidliche „Zeichen setzen" und „Gesicht zeigen". Diese Plattitüden sind weitestgehend sinnfrei, doch wer sie hinterfragt, diskreditiert sich selbst. So bekommt der kitschige Jargon die diskursive Lufthoheit.

Anders als der ästhetische Kitsch hat der politische Kitsch jedoch einen Appellcharakter. Er fordert zu Handlungen auf, vor allem zu symbolischen. Also lässt man Luftballons in die Luft steigen, Tauben fliegen, hält sich tapfer die Hände, entzündet Kerzen wo immer es geht und legt Stofftiere ab, wenn man sie nicht gerade jubelnd in die Höhe wirft. So erzeugt der politische Kitsch wieder den ästhetischen.

Da der politische Kitsch, ebenso wie der ästhetische und moralische, ein tragendes Element der Massenwohlstandsgesellschaft ist, besteht wenig Hoffnung, ihn aus dem öffentlichen Diskurs zu verbannen. Wir werden mit ihm leben müssen. Umso wichtiger jedoch ist es, seine historischen Wurzeln zu verstehen, seine psychosozialen Grundlagen und seine kommunikativen Funktionen. Dieser Versuch wird hier unternommen.

# I. KITSCH UND RELIGION: DAS KITSCHIGE BEWUSSTSEIN

Kitsch ist Lüge. Oder etwas geschraubter: Kitsch ist Weltflucht im Jargon der Eigentlichkeit. Er behauptet, etwas zu sein, was er nicht ist. Und er gibt vor, einen Wert zu haben, der ihm nicht zukommt. Kitsch will betrügen. Deshalb betrügt er doppelt: Er betrügt den, an den er sich richtet. Mehr noch aber betrügt er denjenigen, der ihn in dem Bewusstsein erzeugt, wahrhaftig zu sein.

Kitsch ist daher allenfalls als Produkt von Zynismus hinnehmbar. Das macht ihn zumindest intellektuell erträglich. Der Produzent von Nippes, der Hersteller von Tand und Plunder, weiß zumindest kühl berechnend, was er tut, wenn er gezielt Geschmacklosigkeiten feilbietet. Das Gleiche gilt für den politischen Redner auf dem Marktplatz, der an die Emotionen seiner Zuhörer appelliert, wenn er von seiner schweren Kindheit erzählt oder mit von Ergriffenheit triefender Stimme von einem sozial benachteiligten Mitbürger in seinem Wahlkreis berichtet. Hier wird mit kalter Berechnung an die Rührseligkeit der Zuhörer appelliert. Das mag unschön sein, ist aber legitim. In einer freien Gesellschaft ist es jedem Bürger, jedem Unternehmer und jedem Politiker unbenommen, die Empfänglichkeit seiner Mitmenschen für große Gefühle zu seinen Gunsten auszunutzen. Und es sollte zur allgemeinen Kommunikationskompetenz eines modernen Menschen gehören, diese Form manipulativer Kommunikation zu durchschauen.

Wirklich kitschig wird Kitsch erst dann, wenn an ihn geglaubt wird. Deutlich problematischer als der vorsätzliche Kitsch aus Kalkül ist daher der Kitsch als Lebenshaltung – das kitschige Bewusstsein. Denn es sind kitschige Menschen, die besonders empfänglich sind für kitschige Inszenierungen und die sozialen oder moralischen Kitsch als besonders authentisch empfinden, was zumindest im Fall der Politik und in einer Demokratie verheerende Folgen haben kann. Denn das kitschige Bewusstsein, eben weil es in Gefühlen und Sentimentalitäten gründet, die für die persönliche Identität des jeweiligen Individuums von größter Bedeutung sind, reagiert aggressiv auf abweichende Meinungen. Aus Sicht des kitschigen Gemüts gibt es nur eine legitime moralische Überzeugung, und das ist die eigene. Denn jeder, der diese Überzeugung nicht teilt, hat nicht nur eine andere Ansicht, sondern unternimmt einen Angriff auf die jeweilige Gefühlswelt, also auf das individuelle Selbstverständnis. Und das erzeugt naturgemäß Aggressionen. Auf politischer Ebene trägt so das kitschige Bewusstsein zu einer Verschärfung und Polarisierung öffentlicher Debatten bei, was nicht förderlich für eine Demokratie ist.

Doch Kitsch ist ein hochinfektiöses Pathogen, insbesondere in Zeiten starker Veränderungen und Verunsicherung, wenn die Menschen anfällig sind für alles, was Geborgenheit verspricht, Nestwärme und Sicherheit. Dann besteht die Gefahr, dass nicht nur der ästhetische, sondern auch der moralische und der politische Kitsch zunehmend die Diskurse einer Gesellschaft bestimmt und diese intellektuell lähmt.

Denn Kitsch ist vor allem eines: ein Narkotikum des Geistes. Er betäubt den Verstand und sediert die Urteilsfähigkeit.[1] An die Stelle klarer Reflexion tritt im kitschigen Gemüt das benebelnde Opium der Gefühligkeit. Wo Kitsch sich ausbreitet und zu einem dominierenden Merkmal der Alltagskultur geworden ist, wird Einfalt zur Pflicht. Aber Einfalt macht nicht selig, Einfalt macht einfältig. Und wer Einfältigkeit zur Tugend erhebt, erklärt Dummheit zum Ideal.

Einfalt wird überall dort zum erstrebenswerten Ziel, wo davon ausgegangen wird, dass rationale Erkenntnis defizitär ist und der menschliche Verstand nicht in der Lage, die angeblich wirklich entscheidenden und wichtigen Aspekte der Natur und der menschlichen Existenz zu erfassen. Verstand und kühle Rationalität erscheinen aus dieser Perspektive als eine Form von Entfremdung. Nur im Fühlen, in den Emotionen, in der Empfindsamkeit ist aus dieser Sicht der Mensch ganz bei der Natur und dabei bei sich. Deshalb ist die Trennung zwischen dem Echten, Authentischen und Natürlichen einerseits, das allein Geborgenheit, Wärme und Harmonie verspricht, und der kalten, entfremdeten Vernunft der Anfang allen Kitsches. Hier hat der Kitsch oder besser: die Disposition zum kitschigen Denken seine ideengeschichtliche Wurzel.

Für das kitschige Gemüt ist allein schon der Anspruch, die Welt rational zu erfassen, Ergebnis eines kulturhistorischen Sündenfalls:

„Wenn das Herz spricht, ziemt es sich nicht, dass der Verstand etwas dagegen einwendet. Im Reich des Kitsches herrscht die Diktatur des Herzens."[2]

Denn Rationalität ist der Treibstoff des wissenschaftlichen Denkens, von sachlicher Abwägung und nutzenorientiertem Pragmatismus. Genau hierin aber wittert die sentimentale Seele die Ursache für die Ausbeutung, Ungleichheit, der Unfähigkeit zum Frieden und die Zerstörung der Natur.

Diesem imaginierten Entfremdungsszenario setzt das kitschige Bewusstsein eine Vision absoluter Empathie, Gefühligkeit und Harmonie entgegen. Nur sie ist in der Lage, Normen und Verhaltensweisen zu entwickeln, die einen schonenden Umgang nicht nur der Menschen untereinander ermöglichen, sondern auch des Menschen mit der Natur. Dass in der Natur selbst Kategorien wie Empfindsamkeit, Empathie und Achtsamkeit überhaupt nicht vorkommen, sondern dass es sich hier um zutiefst anthropomorphe Begriffe handelt, stört das kitschige Gemüt naturgemäß wenig.

Denn erst das sentimentale Versprechen auf emotionale Geborgenheit, das allein die kitschige Weltsicht zu garantieren scheint, erschließt dem nach Erfüllung und Sicherheit Suchenden einen intellektuellen Schutzraum. Hier, in der Welt der Rührseligkeit, des Verständnisses und des Mitfühlens, wo alles einfach ist, unmittelbar einsichtig und Wahrheit gespürt werden kann, eröffnen sich Sinndimensionen, die Halt und Orientierung bieten. Man liegt daher sicher nicht falsch, wenn man festhält, dass die psychologische Grundlage für die Kitschfähigkeit des Menschen, seine Kitschdisposition, in dem Bedürfnis nach Sinnerfahrung liegt. Oder kurz formuliert: Wo das Versprechen von Sinn aufkommt, ist Kitsch nicht weit.

Dementsprechend sind Religionen die ersten kulturgeschichtlichen Formationen organisierten Kitscherlebens. Mithilfe von Erzählungen, Bildern und Ritualen suggerieren Religionen einen Sinnzusammenhang, der bei rationaler und unvoreingenommener Betrachtung nicht gegeben ist. Wenn Kitsch tatsächlich eine Übertünchung der Realität darstellt, eine Flucht vor der Wirklichkeit, die glauben machen will, die eigentliche Wirklichkeit zu sein, dann sind Religionen geradezu idealtypische Dispositionen des Kitsches.

Das bedeutet nicht, dass jede Religion und jede Form von Religiosität kitschig ist. Religion entbehrt des Kitsches, solange sie ein Modus bleibt, in dem Menschen sich den Tatsachen der Welt stellen und diese kommunizieren. Etwa, dass die Welt Leid und Schmerz bedeutet, Verlust, Endlichkeit, Kampf und Tod. Die großen polytheistischen Erzählungen der Menschheit sind Ausdruck dieser im gewissen Sinne realistischen Weltsicht und zudem Formen, dieses kollektive Wissen symbolisch zu verarbeiten. Hier, in den Mythen der Menschheit, etwa im Gilgamesch-Epos, im Alten Testament oder in den griechischen Sagen wird die Realität nicht beschönigt, und verkitscht schon gar nicht. Im Gegenteil, sie wird mit brutaler Klarheit geschildert, in einen Erklärungsrahmen gesetzt und so handhabbar gemacht.

Religion droht jedoch in Kitsch umzuschlagen, wenn sie die Wirklichkeit nicht symbolisch erklärt und erträglich macht, sondern aus der Realität entführt und auf eine Parallelwelt verweist. Ein solches Bedürfnis nach Weltflucht wird ausgelöst durch rapide soziale und kulturelle Veränderungen. In Zeiten einer gefühlten oder realen Krise und kollektiven Verunsicherung wird das persönliche, individuelle Seelenheil zu einem letzten Orientierungsanker. Angesichts infrage gestellter Traditionen, Sozialstrukturen und Lebenswelten entsteht die Sehnsucht nach persönlicher Heilsgewissheit.

Genau diese sozialpsychologische Konstellation formierte sich während der sogenannten Zeitenwende. Die Folge: Erlösungsreligionen und Mysterienkulte mit ihren individuellen Initiationsriten und Heilsversprechen gewannen im Römischen Reich an Popularität. Denn sosehr das Imperium einerseits für Stabilität und Ordnung stand, so sehr markiert es zugleich einen ersten Schritt hin zu einer Globalisierung der Wirtschafts- und Lebensräume – zumal vor dem Hintergrund der damals bekannten Welt. Die damit einhergehende Urbanisierung, Interkulturalisierung und Migration zerstörte jahrhundertealte räumliche, kulturelle und soziale Verankerungen. Wo aber sozialkulturelle Gefüge als instabil und austauschbar erlebt werden, verlieren diese ihre psychologische Stabilisierungsfunktion. Die Welt gerät ins Wanken. Sinnstiftungserzählungen erscheinen vertauschbar und beliebig. Insbesondere die sehr stark auf regionale, ethnische und soziale Gegebenheiten bezogenen polytheistischen Erzählungen der Antike waren zunehmend weniger in der Lage, diese Orientierungskrisen aufzufangen. Zu weltlich waren letztlich ihre Erzählungen, um in einer zersplitternden Welt Halt zu geben. Zu chaotisch erschien in ihnen die Wirklichkeit, um dem tief gehenden Kontingenzerleben etwas entgegenzusetzen.

Sehr viel besser Sinn, Halt und Orientierung stiften konnten hingegen Erzählungen von einem alleinigen, allmächtigen Schöpfergott, der der Welt und damit Zeit und Endlichkeit enthoben ist. Nur ein Gott, der die eine Wahrheit verkündet und die allein gültigen Gebote, der nicht in der Welt ist, sondern außerhalb von ihr, und daher von der Welt erlösen kann und in das Jenseits führen, nur ein solcher Gott konnte langfristig das entstandene Kontingenzbewusstsein mit persönlichem Sinnerleben verbinden.

Ein solcher Gott war der jüdische Eingott. Doch der jüdische Gott hatte einen Nachteil. Theologisch als universaler Gott konzipiert, war er faktisch an die Kultur der Israeliten gebunden. Die Universalisierung dieses regionalen Universalgottes vollzog bekanntlich Jesus von Nazareth. Dieser stammte aus Galiläa, also aus der Peripherie des jüdischen Siedlungsraumes. Seine Lehre spiegelt daher die religiöse

Verunsicherung einer zunehmend heterogenen, multireligiösen und multikulturellen Region und die kulturellen Transformationsprozesse in den Provinzen des Römischen Reiches. Das führte dazu, dass die jesuanische Lehre vor allem auch im hellenistischen Judentum Anhänger fand und von dort ihren Siegeszug in die heidnische Welt antrat. Denn auch dort bestand ein immenses religionspsychologisches Bedürfnis nach einem Kult, der ein die heterogene Welt überwindendes, individuelles Sinnangebot machte.

Das Christentum unterscheidet erstmals konsequent und kulturprägend zwischen der immanenten, von Leid, Qual und Not gekennzeichneten, und einer transzendenten, erlösenden Welt. Im Diesseits regieren Mühsal, Krankheit, Entbehrung und Tod, im Jenseits hingegen wird der Mensch befreit von allen Übeln. Kitschig daran ist zunächst nicht die Unterscheidung zwischen gefallener und heiler Welt an sich, sondern der Hinweis, dass die heile transzendente Welt die eigentliche, wahrhaftige Welt ist, in der alles Leid und alle Gegensätze aufgehoben sein werden und die Geknechteten und Entrechteten Trost finden.

Mit dieser Erzählfigur schenkt das Christentum der Welt die Grammatik des Kitsches schlechthin: die Herabsetzung der Realität zugunsten einer süßlichen und verklärten Wirklichkeitskonstruktion. Kitsch, ästhetischer ebenso wie ethischer, regiert überall dort, wo die nüchterne Wirklichkeit mit ihren Zumutungen und ihrem Schmerz aufgegeben wird zugunsten einer sauberen, heimeligen und idyllischen Konstruktion.

Dass das Christentum in den ersten 1.800 Jahren seiner Geschichte nicht in Kitsch versank, verdankt es einer inneren Balance zwischen Jenseitsperspektive und Diesseitigkeit. Denn der Verklärung des Jenseits und der Flucht in die Transzendenz stellt das Christentum stets die Inkarnation, also die Menschwerdung Gottes entgegen. Damit wird das Diesseits immer wieder aufgewertet. Dieses Diesseits ist zwar nicht schön, wie das Kreuz nachdrücklich mahnt, und in der Welt sein, bedeutet Leid, Schmerz und Kummer, aber dennoch ist Gott selbst als Sterblicher in diesem Diesseits präsent.

Es ist diese Balance von Diesseits und Jenseits, Immanenz und Transzendenz, die das Christentum vor einem Abgleiten in schlichten intellektuellen Kitsch abhielt. Das bedeutet allerdings nicht, dass das Christentum gegen Kitsch immunisiert war. Im Gegenteil. In seiner Geschichte drohte die jesuanische Botschaft immer dann verkitscht zu werden, wenn entweder die profane Welt zugunsten der Transzendenz abgewertet oder aber bereits das Diesseits umstandslos zum Himmelreich ernannt wurde. Letztere Variante ist ein Produkt der Säkularisierung, also der Moderne, und findet sich vor allem in den zeitgenössischen Kirchen. Die Abwertung des Profanen hingegen, die das Christentum über seine ganze Geschichte begleitet, ging fast immer mit überhöhter Spiritualität und Frömmigkeit einher. Und sie war stets eine Reaktion auf Verweltlichungstendenzen in der Kirche.

Der massivste und nachhaltigste Protest gegen die Profanisierung der Kirche war die Reformation. Hier revoltierte das fromme Gefühl gegen eine verweltlichte Institution mit säkularem Machtgebaren. Der Pracht des päpstlichen Fürstenhofes wurde das Ideal individueller Erbauung und frommer Innerlichkeit entgegengesetzt, dem Anspruch auf rationalen Universalismus das Pathos subjektiver spiritueller Erfahrung und religiöser Empfindsamkeit. Wo aber unmittelbar gefühlt wird, da braucht es keine Experten für Religion mehr und keine Fachleute für Spiritualität. So schafft die Reformation die Kirche als Heilsinstitution ab und ersetzt sie durch das unmittelbare Verhältnis des Einzelnen zu Gott.

Wer jedoch in einem unmittelbaren Verhältnis zu Gott steht, droht die Welt hinter sich zu lassen und der Realität zu entfliehen. Zumindest in seiner pietistischen Form hat der Protestantismus daher eine Innerlichkeitsfrömmigkeit entwickelt, die der Welt nur scheinbar angehört und die Realität mittels schwärmerischer Versenkung zu überwinden sucht. In diesem Innern ist nun aber wiederum das Gefühl, die Seele, das Herz. So versenkt sich die pietistische Frömmigkeit schwärmerisch in die eigene Schwärmerei. Entsprechend mutiert unter pietistischen Vorzeichen der christliche Glaube zu enthusiastischer Sentimentalität und der Protestantismus zu antiintellektueller Gefühligkeit. So hält mit der pietistischen Frömmigkeitspraxis, mit pietistischer Glaubensauffassung und pietistischen Sprachbildern eine neue Form kitschiger Religiosität Einzug in die europäische Kultur.

Das bedeutet: Indem Luther zu Recht und mit guten Gründen die individuelle Frömmigkeit und religiöse Subjektivität gegenüber der Institution Kirche aufwertete, öffnete er zugleich dem religiösen Kitsch und damit letztlich dem kitschigen Bewusstsein Tür und Tor. Das theologisch bisher halbwegs ausbalancierte Verhältnis zwischen Welt und Transzendenz kippte zugunsten der Verklärung der Wirklichkeit im Zeichen persönlicher Gefühligkeit. Die innere Welt des sentimentalen Subjekts wurde zur alleinigen Welt. Die Realität ging verloren. Entsprechend verkitschte die religiöse Sprache. Das Diminutiv beginnt das Denken zu bestimmen. Alles wird „Herzelein", „Jesulein", „Schätzlein" und „Blütlein", es wird „erweint", „erlacht", „erdürstet", „entgegengewellt" und „entgegengequellt", Tränen werden vergossen und Tränen werden getrocknet, die Ewigkeit wird zur eigentlichen Heimat, auch zum Vaterlande, in das es zurückzukehren gilt, das Diesseits zu einem Ort, dem man schon gar nicht mehr angehört, da man mit bei dem „Lämmlein" im „Gärtlein" mit den „Blümelein" des geliebten „Seelenbräutigams" weilt.

In ihrer volkstümlichen Version, die über Kirchenlieder und Erbauungsliteratur bis weit über die pietistischen Milieus hinauswirkte, hat die emotional überspannte Innerlichkeitssprache, die ans Hysterische grenzende Gefühligkeit und das Empfindungspathos protestantischer Frömmigkeit den Weltzugang und das ideologische Bewusstsein des deutschen Bürgertums tief geprägt. Innerlichkeitsfrömmigkeit, das Gefühlige, Sentimentale und Schwärmerische bereiteten im Zuge von Aufklärung und Säkularisierung zunächst der Romantik den weltanschaulichen Boden: Romantische Naturbegeisterung, Waldeinsamkeit, die utopische Suche nach der blauen Blume, das Schwelgen in der eigenen Gefühlswelt, eine gewisse Verachtung für den Rationalismus, all das ist ohne das protestantische Einmaleins von Subjektivität, innerer Erfahrung und Innerlichkeitskult nicht denkbar. Unter den Bedingungen einer industrialisierten Wohlstandsgesellschaft entstand daraus eine vulgärromantische Massenkultur mit einer ausgeprägten Neigung zu einem hypertrophen Moralismus, der die öffentlichen

Diskurse nicht nur in Deutschland entscheidend prägt und sich in Form politischen Kitsches institutionalisierte.

In diesem Sinne ist der zeitgenössische Politkitsch das direkte, wenngleich auch kontraintentionale Produkt der Reformation. Wo ernsthafte Besinnung auf das eigene Selbst den Menschen frei und autonom machen sollte, versank er im Schwulst kollektiver Gefühligkeit. Dabei erwies sich der Übergang vom ästhetischen Kitsch zum moralischen und schließlich zum politischen Kitsch fließend. Kundera schreibt zu Recht: „Der Kitsch ruft zwei nebeneinander fließende Tränen der Rührung hervor. Die erste Träne besagt: wie schön sind doch auf dem Rasen rennende Kinder! Die zweite Träne besagt: wie schön ist es doch, gemeinsam mit der ganzen Menschheit beim Anblick von auf dem Rasen rennenden Kindern gerührt zu sein! Erst die zweite Träne macht den Kitsch zum Kitsch. Die Verbrüderung aller Menschen dieser Welt wird nur durch den Kitsch zu begründen sein."³ So erzeugt der ästhetische Kitsch den moralischen. Mit der Idee der Verbrüderung aller Menschen beginnt jedoch die Moderne.

## II. DIE ERFINDUNG DES KITSCHES

Kitsch ist eine Erfindung des Bürgertums. Das bedeutet nicht, dass vorbürgerliche Gesellschaften keine kitschigen Gegenstände, Bilder oder Kunstwerke hervorgebracht hätten oder dass der Adel oder die Bauernschaft auf eine geheimnisvolle Art gegen Kitsch immun gewesen wären. Das waren sie nicht. Doch kitschig ist niemals ein einzelnes Artefakt. Ein kitschiger Gegenstand muss, um kitschig zu sein, immer eingebunden sein in eine Kitschkultur, die Kitsch hervorbringt. Gäbe es nur einen einzigen kitschigen Gegenstand, er wäre nicht kitschig.

Ferner gilt: Nicht jede süßliche, überzogene und übertriebene Geschmacksverirrung ist Kitsch. Dazu wird schlechter Geschmack oder das Überladene und Überbordende erst, wenn das Zuviel mehr sein will als einfach nur Dekoration. Kitsch beginnt dann, wenn das Übertriebene nicht einfach nur das Ergebnis einer Übertreibung ist, sondern aufgrund einer kitschigen Ideologie für wahrhaftig gehalten wird.

Kitsch basiert daher auf einem kitschigen Weltbild. Also auf ideologischen Voraussetzungen, die ihn erst möglich machen. Und neben dem protestantischen Innerlichkeitskult, seiner Verklärung des Subjektiven und Gefühligen und der damit einhergehenden Entrückung der Realität, war es die soziale Stellung des Bürgertums und die aus ihr abgeleiteten bürgerlichen Wertvorstellungen, die dem kitschigen Bewusstsein als Massenphänomen der Moderne den Weg ebnete. Erst die spezifische gesellschaftliche

Stellung, in der sich das Bürgertum nach dem Ende des Feudalismus befand, brachte ein bürgerliches Weltbild und bürgerliche Ideale hervor, die eine Kitschkultur ermöglichten.

Kennzeichnend für die sozialpsychologische Situation des Bürgertums des ausgehenden 18. und beginnenden 19. Jahrhunderts war zunächst seine nur teilweise vollzogene Emanzipation von der Feudalwelt des Adels. Einerseits verstand man sich zwar als Ausdruck der Moderne, also einer fortschrittsorientierten Lebenswelt, die derjenigen des Adels und seiner Fixierung auf die Bewahrung des Ewigen ökonomisch, technisch und ethisch diametral gegenüberstand. Zugleich aber kompensierte das Bürgertum diese Fortschrittsideologie durch eine Sehnsucht nach dem ewig Gültigen. Doch die Religion konnte im Zeitalter der Aufklärung solche ewigen Werte und Orientierungsmuster nicht mehr im notwendigen Umfang bereitstellen. Das so entstandene Sinnvakuum wurde durch ästhetische und ethische Normen gefüllt. Entsprechend bekamen Ästhetik und Ethik, eingewoben in Literatur, Kunst und Musik, eine quasireligiöse Bedeutung. Waren für den Adel Musik, Kunst und Literatur Zeitvertreib, soziales Distinktionsmerkmal und Dekoration des schönen Lebens, so wurden sie für das Bürgertum Sinnerfüllung, Fluchtorte und Selbstfindungsräume. Das Schöne war nicht länger Selbstzweck, sondern Ort der Wahrheit, der Erbauung und Veredelung.

Doch neue Ideologien benötigten eine neue Ästhetik. Also setzte das Bürgertum der überbordenden Fülle des spätaristokratischen Barock und Rokoko zunächst einen formstrengen Neoklassizismus entgegen. Dieser befriedigte die bürgerliche Sehnsucht nach einer äußerlichen Alternative zur Adelskultur und barocken Formen höfischer Repräsentation. Zudem suggerierte er aufgrund seiner Formsprache und der Referenz auf die griechisch-römische Antike eine entsprechende Sittenstrenge und ein universal-humanistisches Programm.

Doch Antike und technische Moderne waren letztlich ideologisch inkompatibel. Allenfalls konnte sich die Damenmode und die Architektur an antiken Vorbildern orientieren, Versatzstücke für eine Ideologie des anhebenden technischen Zeitalters konnte sie jedoch nicht liefern. Bürgerlicher Neoklassizismus und Griechenbegeisterung erschöpften sich in Äußerlichkeiten – oder endeten im Fieberwahn in Mesolongi.

Hinzu kam, dass dem Bürgertum in Gestalt des städtischen Proletariats ein direkter machtpolitischer und damit auch kultursoziologischer Konkurrent erwuchs. Die Arbeiterschaft erwies sich allerdings, bedingt durch ihre soziale Situation, den Verlust ländlicher Kultur und ihre Tätigkeit in den fortschrittlichen Industrien, offen für ein radikal unsentimentales, materialistisch-monistisches Gedankengut. Die Vorstellungen einer transzendenten Welt, von jenseitigen Wesen oder metaphysischen Entitäten verloren sich in stickigen Hinterhöfen und lärmenden Fabrikhallen.

Ideologisch befand sich das Bürgertum somit eingekeilt zwischen einer weitgehend materialistisch orientierten Arbeiterschaft und dem Adel, der seine Stellung und sein Selbstverständnis religiös und metaphysisch legitimierte. Beide Positionen, sowohl der radikale Materialismus als auch die traditionelle, metaphysische Religiosität, waren mit bürgerlichen Interessen und Lebensvorstellungen nicht vereinbar. Denn der Materialismus lief auf Atheismus hinaus und dieser stand unter dringendem Nihilismusverdacht. Auf Nihilismus aber ließ sich eine bürgerliche Gesellschaft nicht gründen. Und der metaphysische Dualismus traditioneller Religiosität entkoppelte die Welt der Ideen von der Realität und stufte die Wirklichkeit zu einem mediokren Abbild des Geistigen herab. Für das pragmatisch eingestellte Bürgertum, das auf technische Umgestaltung genau dieser Welt und deren sozialer Optimierung fixiert war, war dieser Dualismus nicht akzeptabel. Zudem war er unübersehbar die Rechtfertigungsideologie einer feudalistischen Ordnung und eines fortschrittsfeindlichen religiösen Fundamentalismus. Beide liefen den ökonomischen Interessen des Bürgertums und seinem technischen Fortschrittsglauben zuwider.

In der Konsequenz nötigte die sozioökonomische Realität das sich formierende Bürgertum zu ideologischen Kompromissen. Das Ergebnis: „Bürgerliches Denken übt sich an der Arbeit der Synthese und der Harmonisierung, indem es sich gegen den materialistischen potentiell wertnihilistischen Monismus und zugleich gegen den schroffen, die weltverneinende Ethik legitimierenden theologischen Dualismus wendet und dabei versucht, Diesseits und Jenseits, Welt und Gott einander näher zu bringen, also ihre Beziehung zueinander als harmonische aufzufassen, ohne ihre Eigenständigkeit grundsätzlich zu bestreiten."[4]

Genau dieser Syntheseversuch jedoch musste scheitern. Denn Diesseits und Jenseits, Welt und Gott lassen sich nicht einander näherbringen, zumindest nicht unter den Bedingungen einer anhebenden Industriemoderne und der Entstehung einer modernen städtisch-technischen Lebenswelt. Also beginnt das Bürgertum sein Bedürfnis nach Sinn und Orientierung aus der Realwelt auszulagern. Das Schöne, Wahre und Gute wird in die Sphären der Kunst und Kultur verlegt. Hier, im Museum, in der Oper, im Theater findet der Bürger Sinn, Orientierung und soziale Distinktion. Die großen Werke der bildenden Kunst, der schönen Literatur und der bedeutenden Komponisten werden ihm zu Reliquien eines Erbauungskultes, der Museumsbesuch, das Konzert, die stille Lektüre zu Gottesdiensten und Andachten.

Mit der Erhebung der Kunst in die Sphäre der Religion überwindet das Bürgertum zugleich seine asketische Tradition, wenngleich in domestizierter Form. Im Kunstgenuss kann der Bürger leidenschaftlich sein, ohne seine Leidenschaften ausleben zu müssen. Er kann sich ohne Hingabe hingeben. Die Kunstrezeption ermöglicht eine aseptische Sinnlichkeit, die es erlaubt, bürgerliche Sittlichkeitsvorstellungen mit Genuss zu verbinden.

Wie sehr diese Kompensationsfigur das bürgerliche Handeln prägt, zeigt sich nicht nur in der emphatischen Kunstreligion, sondern auch in der Sakralisierung der bürgerlichen Ehe. Auch hier wird Sinnlichkeit kanalisiert, Leidenschaft legitimiert und schließlich das legalisiert, was der bürgerlich-asketischen Ethik zuwiderläuft. Allerdings genügt die Ehe als institutionalisierte Form der Triebabfuhr dem bürgerlichen Selbstanspruch bei Weitem nicht. Legitime Leidenschaft muss nach bürgerlicher Auffassung nicht nur institutionalisiert, sondern auch ideologisch gerechtfertigt sein und in der Lage, das entstandene Sinnvakuum zu kompensieren. Also wird die Verbindung zwischen Mann und Frau nicht nur ethisch, sondern auch spirituell und schließlich ästhetisch überhöht.

In der Verklärung der romantischen Paarbeziehung verbindet sich protestantische Sittenstrenge, pietistischer Innerlichkeitskult und säkulare bürgerliche Weltdeutung. Die puritanische Entsagung wird über den Gedanken des in ewiger Treue verbundenen Paares ins Leidenschaftliche transformiert. Diese Leidenschaft ist weniger eine körperliche, sondern eine des Inneren, der Seelen. Die Geliebte wird nicht körperlich begehrt, in ihr wird vielmehr die verwandte Seele erkannt. Oder wie Hermann Broch schreibt: „Jede alltägliche Zufallskopulierung wird zu den Sternensphären emporgehoben."[5] Und es ist bezeichnenderweise die bürgerliche Literatur, die den monogamen Geschlechtsakt auf eine quasireligiöse Ebene hebt. Ihr Mittel dazu sind die ekstatische Sprache und die süßlichen Allegorien pietistischer Erbauungsliteratur, die nun nicht mehr Gott huldigt, sondern der eigenen Empfindsamkeit, die Authentizität beglaubigen soll.

Entsprechendes gilt für die scheinbare Naturverklärung des Sturm und Drang und der Romantik. Um die Natur an sich geht es weder den Stürmern und Drängern noch den Romantikern, und auch die jeweils Angebetete spielt eine eher untergeordnete Rolle. Zum Ausdruck kommt hier vielmehr eine narzisstische Begeisterung für das eigene Gefühl und die eigene Sensibilität, die man idealerweise dadurch final beglaubigt, dass man sich eine Kugel durch den Kopf schießt. So wird die eigene Empfindsamkeit nicht nur zur Gewähr wahrhaftiger Gefühle, sondern zugleich zur Beglaubigung persönlicher Authentizität.

In ihrer Amalgamierung von Individualismus, Empfindsamkeit, Naturschwärmerei und einer hocheuphorischen Sprache, die mittels der Bilderwelt des Pietismus Eros und Kunst quasireligiös überhöht, erweist sich die Romantik als erste explizit bürgerliche Kunstepoche. Hier schafft sich der Bürger seine Parallelwelt. Kunstbetrachtung, Naturerleben und Sinnlichkeit werden ihrer eigentlichen Realität beraubt und zu einer Wahrnehmung eines angeblich ewig Schönen überhöht, dem Erleben einer idealisierten Natur und dem Rausch frigider Erotik.

Als Kondensat bürgerlicher Ideologie erhebt die Romantik das prosaisch Reale in die Ewigkeit. Der aristokratischen Idee des metaphysischen Ewigen und der proletarischen Ideologie der permanenten Veränderbarkeit des Materiellen setzt das Bürgertum die Verklärung des Realen entgegen, also die Behauptung, im Faktischen selbst gäbe es etwas Zeitloses: die unendliche Liebe, das eigentlich Kunstschöne, die entrückte Natur.

So mündet die bürgerliche Ideologie in einen Vulgärplatonismus, der zusammenbindet, was nicht zusammengehört: das Endliche und die Unendlichkeit, die Realität und das Reich der Ideen. Dieser Versuch, Gegensätze gleichsam zu legieren, musste scheitern. Das Ideal der bürgerlichen Ehe degenerierte langfristig in die Trivialität trauriger Patchworkexistenzen und die Kunst verkam zur Pose auf Dauer gestellter Dekonstruktion. Lediglich die Naturverklärung überlebte in Form der Ideologie eines schwärmerischen Ökologismus.

Spätestens jedoch, wenn der bürgerliche Versuch scheitert, Unvereinbares zu vereinen, und die Vorstellung, man könne im Diesseitigen irgendetwas Ewiges erkennen, an ihren inneren Widersprüchen zugrunde geht, verkommt die bürgerliche Ideologie endgültig zu demjenigen Kitsch, der schon immer in ihr angelegt war.

Denn Grundlage allen Kitsches ist die Idee der Verklärung des Gewöhnlichen. Kitschiges Denken entsteht überall dort, wo die Realität überformt und nicht mehr in ihrer Faktizität wahrgenommen, sondern idealisiert wird. Das kitschige Bewusstsein flieht mithin nicht in eine metaphysische Parallelwelt, sondern sieht das Ewige schon im Hier und Jetzt präsent.

Kitsch ist somit der hilflose Versuch, das Triviale und Alltägliche zu adeln. In diesem Sinne ist er das Eingeständnis des Scheiterns des Bürgertums und seines Weltbildes. Zugleich ist er dessen Konsequenz. In seinem radikalen Subjektivismus, seinem Harmonisierungsstreben, seinem Versuch, das Ewige im Jetzt zu finden und den Augenblick emotional zu überhöhen, ist das kitschige Bewusstsein die massentaugliche Schwundstufe bürgerlicher Ideologie. Diese wird letztlich untergraben durch den sozialen und technischen Rahmen, den das Bürgertum selbst schafft. Unter den Bedingungen der Industrialisierung, der Verstädterung und der Massengüterindustrie wird die bürgerliche Illusion von Fortschrittsoptimismus und Glauben an das Ewige konterkariert. In der Welt der entfesselten Moderne kann es nichts Ewiges geben. Das widerspricht ihrer Logik. Bürgerliche Ideale wie die Ehe, das Kunstschöne oder die Natur degenerieren zu massentauglichen Karikaturen. Es bleibt der Schmalz des Schlagers, des sentimentalen Gedichts, die rührende Liebeskomödie oder der Sonnenuntergang am Meer.

Kitsch ist somit nicht nur die Schwundstufe bürgerlichen Denkens, sondern zugleich seine

Verdichtung. Aus diesem Grund ist Kitsch, wie Broch betont, „nicht etwa ‚schlechte Kunst', er bildet ein eigenes und zwar geschlossenes System"[6].

Ging Broch jedoch noch davon aus, dass Kitsch „wie ein Fremdkörper im Gesamtsystem der Kunst sitzt"[7], und konnte daher schlussfolgern, „der Kitsch ist das Böse im Wertesystem der Kunst"[8], so muss man nun, gut sechs Jahrzehnte später, konstatieren: Kitsch ist nicht länger ein Fremdkörper in der Kunst, sondern Kunst selbst ist kitschig geworden. Allein der Anspruch, Kunst im traditionellen Sinne zu machen, endet unter den Gegebenheiten der spätmodernen Gesellschaft und ihrer Unterhaltungsindustrie zwangsläufig im Kitsch. Schon der Gedanke, ein Kunstwerk erschaffen zu wollen, ist im Zeitalter omnipräsenter Massenmedien von martialischer Kitschigkeit und endet daher wahlweise in groteskem Eskapismus, hilflosem Avantgardismus oder belanglosen Spielereien.

Da Kitsch zudem Ausdruck eines kitschigen Weltbildes ist, beschränkt er sich niemals auf ästhetischen Kitsch. Einmal etabliert, infiziert das kitschige Denken auch moralische und politische Überzeugungen. Kitsch lässt sich nicht einhegen. Kitsch ist immer expansiv. Deshalb greift die Logik des ästhetischen Kitsches zwangsläufig auf die Ethik über. Genauer: Im kitschigen Denken verschwimmen ethische Fragen mit ästhetischen. Nicht das rationale, normative Urteil ist nunmehr gefragt, sondern die schöne, gefühlige, anrührende Haltung. Ethik wird zum ästhetischen Wettbewerb. Sieger ist, wer die ansprechendste Position bezieht. Maßstab dabei ist das Sentiment, die größtmögliche Rührung. Wer maximales Mitgefühl und überschäumende Mitmenschlichkeit zumindest überzeugend heuchelt, hat gute Chancen, den Moral Contest mit Bestnoten zu bestehen.

So entsteht in der modernen Massengesellschaft, basierend auf christlichen Denkfiguren, befördert durch die Reformation und aufbauend auf der Romantik als bürgerlicher Ideologie, schließlich der Kitsch als umfassendes normatives System. Das bedeutet zugleich: Niemand kann sich ihm wirklich entziehen. Moderne Massengesellschaften kennen keine kitschfreien Zonen. Wo sie noch existieren, werden sie entweder musealisiert und damit bedeutungslos oder gnadenlos bekämpft. Denn das kitschige Bewusstsein duldet keinen Widerspruch. Rationales Denken, Nüchternheit, Sachlichkeit, aber auch Stil, Eleganz und Würde sind ihm verhasst und mobilisieren seine Ressentiments.

In diesem Sinne ist Kitsch tatsächlich „eine ständig weiter steigende Welt-Neurose", eine letztlich „schizoide, wenn auch noch nicht schizophrene Spaltung, die jeden von uns erfasst"[9], da man sich ihr unter den gegebenen soziokulturellen Bedingungen nur als Eremit entziehen kann.

Doch bevor der Kitsch in der Spätmoderne Basis und Struktur des normativen Denkens werden konnte, infiltrierte er die weltanschauliche Selbstdarstellung. Im bürgerlichen Zeitalter wird Kitsch ein Mittel der politischen Kommunikation.

## III. DIE ERFINDUNG DES POLITISCHEN KITSCHES

Es ist der 8. Juni 1794. Das revolutionäre Frankreich feiert das Fest des höchsten Wesens. Schwankend zwischen einem aufgeklärten Staatsatheismus und traditionellem Volksglauben, zwischen politischem Kalkül und religiöser Sehnsucht, zwischen republikanischem Rationalismus und dem Bedürfnis nach mystischer Innerlichkeit war es kein anderer als Robespierre höchstselbst, der den Nationalkonvent am 18. Floréal dazu drängte, den neuen Staatskult einzusetzen.

Am 20. Prairial war es dann so weit. Nach alter, überkommener Zeitrechnung ist es ein Pfingstsonntag, der Tag des Heiligen Geistes. Im Tuileriengarten sind Truppen angetreten, ihnen gegenüber haben Frauen Aufstellung genommen, die Mütter tragen Rosensträuße, die Mädchen Blumenkörbe. Auf der Hauptkuppel der Tuilerien hat man eine übergroße phrygische Mütze aus Metallblech angebracht, über ihr weht ein zehn Meter großes Fahnentuch. Vor dem Hauptgebäude ist ein Amphitheater für mehr als zweitausend Personen errichtet worden, unter anderem für einen gewaltigen Chor.

Jacques-Louis David, ehemaliger Hofmaler des letzten französischen Königs, nun Propagandist der Revolution und später bildgewaltiger Verklärer des Kaiserreiches, hat alles akribisch geplant: die Dekorationen, die Aufmärsche, die Kostüme, die Chöre von Méhul und Gossec. Schließlich entzündet Robespierre einen Scheiterhaufen, auf dem symbolisch eine

Statue des Atheismus verbrennt und aus ihrem Inneren ein Standbild der Weisheit freigibt. Dann setzt sich die Masse in Bewegung und marschiert zum Marsfeld, Hunderte Trommler, Trompetenkorps, Feuerwehrabteilungen, Gruppen der Bevölkerung, dann der von acht geschmückten Kühen gezogene Wagen des Ackerbaus und die Abgeordneten des Konvents. Auf dem Marsfeld ist ein künstlicher Hügel aufgeschichtet worden, auf dessen Spitze ein Freiheitsbaum thront, flankiert von einer Säule mit dem höchsten Wesen. Dort sprechen Volk und Konvent einen feierlichen Schwur, Kanonen donnern, Säbel blitzen, Blumen werden in die Luft geworfen.

Der 8. Juni 1794 markiert eine Zäsur. An diesem Tag wird erstmals Kitsch zur offiziellen Staatsästhetik. Napoleon wird diesen Gestus für die Selbstdarstellung seines Kaiserreiches übernehmen. Und im 19. Jahrhundert setzt sich der Kitsch als Mittel der politischen Kommunikation mehr und mehr durch, auch in Deutschland. Die Sujets werden sich ändern, teils die Symbole, neue Medien werden hinzukommen, doch die Grundidee wird bleiben: profane Botschaften säkularer Institutionen quasireligiös zu überzeichnen und so Überweltlichkeit zu suggerieren.

Kitsch im politischen Raum ist zunächst Ausdruck eines Legitimationsdefizits. Gründete der feudale Staat des Absolutismus auf der Vorstellung, Ausdruck einer metaphysischen Ordnung zu sein, so hatte die revolutionäre Republik nur rein pragmatische Sinnangebote zu machen: größere persönliche Freiheit, Abschaffung von Privilegien, Mitbestimmung, Unterstützung der Armen.

Doch Republiken wollen mehr sein als pragmatische Verwaltungseinheiten. Als Produkte der Aufklärung sehen sie sich selbst als Inkarnation der Vernunft. Diese Vernunft nennt sich zwar absolute Vernunft, und ihre Werte, etwa die Menschenrechte, reklamiert sie als unhintergehbar und ewig, doch letztlich sind und bleiben sie Ausdruck menschlichen Denkens und damit zeitgebunden.

Diese philosophische Verlegenheit, säkular begründet zu sein und doch auf angeblich schlechthin gültige Normen zu gründen, ließ sich rhetorisch mit dem Verweis auf Denknotwendigkeiten oder eine transzendentale Vernunft mehr schlecht als recht kaschieren. Immerhin reichte dieser Schachzug aus, um die meisten Philosophen darauf hereinfallen zu lassen.

Anders jedoch sah es in der Realität staatlicher Praxis aus. Hier war die Kluft zwischen Ewigkeitsanspruch und allzu offensichtlicher Zeitgebundenheit, zwischen universaler Gültigkeit und lokaler Wirklichkeit weniger leicht aus der Welt zu schaffen. Der republikanische Staat erwies sich, die Revolution hatte es ja gezeigt, als bewusst inszenierte Konstruktion. Und Konstruktionen lassen sich jeder Zeit wieder dekonstruieren. Was sich aber nach Belieben konstruieren und dekonstruieren lässt, kann kaum Anspruch darauf erheben, Ausdruck zeitloser Ideale oder Normen zu sein.

Also musste die Republik, um ihrem ideologischen Selbstanspruch zu genügen, ihre vergängliche Profanität in die Rhetorik der Zeitlosigkeit kleiden. Die Sakralisierung des Weltlichen aber ist die Basis allen Kitsches. Zum einen, weil Anspruch und Wirklichkeit, Form und Inhalt auseinanderfallen. Zum anderen, weil diese rational nicht zu überbrückende Kluft mit einem Appell an die Gefühle, an das Empfinden einhergeht. Wo die Ratio zwangsläufig versagt, weil der Anspruch des Profanen auf Sakralität absurd ist, richtet sich die politische Kommunikation an die großen Emotionen und Affekte. Ihr Mittel sind die Symbole oder Allegorien, die aus der Bilderwelt der Religionen entlehnt werden. Sie scheinen auf eine Ewigkeit zu verweisen und verleihen der weltlichen Institution so die Aura des Überweltlichen.

Doch das Weltliche ist weltlich und eben nicht überweltlich. Die ästhetischen Mittel des Sakralen, angewandt zur Inszenierung und Selbstdarstellung des Weltlichen, degenerieren notwendigerweise zum Kitsch. Dies umso mehr, als die politische Kommunikation mangels eines überzeugenden Orientierungsangebotes und Religionssubstitutes die traditionellen Formen klerikaler Ästhetik verdichtet und steigert. Mit dem Ergebnis, dass die Standbilder noch erhabener werden, die Bilder noch bunter, die Szenarien noch dramatischer, die Chöre noch größer, die Prozessionen noch gewaltiger, die Sprache noch pathetischer. In ihrem Bemühen, den Mangel an historischer und metaphysischer Legitimation zu kompensieren und sich selbst als Ausdruck einer überweltlichen Vernunft darzustellen, versinken Frankreichs bürgerliche Revolutionäre in einer Orgie des Kitsches.

Das gilt streng genommen natürlich auch schon für den ersten Staat, der überhaupt aus einer bürgerlichen Revolution hervorgegangen ist: die Vereinigten Staaten. Die politische Rhetorik der USA, die Selbstinszenierung als neues Rom und neues Jerusalem zugleich, das zur Schau getragene quasireligiöse Sendungsbewusstsein, die architektonische Anlage Washingtons als Disney-hafte Variante antiker imperialer Repräsentationssprache, all das weist in dieselbe kitschige Richtung wie das Fest des Höchsten Wesens und wird programmatisch für die politische Kommunikation des 19. und 20. Jahrhunderts.

Dass mit bürgerlichen Republiken aus einem metaphysischen Legitimationsdefizit heraus die kitschige Selbstinszenierung Einzug in die politische Selbstdarstellung hielt, darf den Blick nicht darauf verstellen, dass sie in der Folge von anderen Staatsformen übernommen wird. Denn mit der Französischen Revolution geraten auch Regierungsformen unter Rechtfertigungsdruck, die bisher als ewig oder von Gott kommend angesehen wurden. Wenn Könige auf der Guillotine landen und jahrhundertealte Ordnungen binnen Wochen zerfallen, dann sind diese nicht mehr ewig, dann ist nichts mehr Ausdruck einer vorgegebenen Ordnung, dann entlarvt sich das Zeitlose als Gewohnheit. Hinzu kommt, dass das Bürgertum auch dort die Macht übernimmt, wo es nicht an der Macht ist. Bürgerliche Ideologie, bürgerliche Lebenskultur und Ästhetik bestimmen ab dem ausgehenden 18. Jahrhundert zunehmend die gesellschaftliche Wirklichkeit auch dort, wo die feudale Welt des Adels noch stabil scheint.

Also übernehmen auch die Anciens Régimes in Europa nach und nach die politische Symbolsprache des Bürgertums. Mehr noch: Je überholter, gestriger und musealer eine Monarchie vor dem Hintergrund der sie umgebenden gesellschaftlichen Wirklichkeit wirkt, je moderner und fortschrittsorientierter die sie tragende Gesellschaft ist, desto mehr fliehen die jeweiligen Staaten in die kitschige Selbstinszenierung.

Das beste und prägnanteste Beispiel hierfür ist das Deutsche Kaiserreich. Nicht erst mit dem Regierungsantritt Wilhelm II. im Jahr 1888 zeigt das politische Deutschland in seiner ästhetischen Selbstpräsentation einen ausgeprägten Hang zum Kitsch, der mit der Thronbesteigung des letzten deutschen Kaisers noch einmal eine Steigerung erfährt.

Diese Kulmination des Kitsches allein auf die Person Wilhelm II. und seinen Geltungsdrang, mithin auf Privatneurosen zurückzuführen, wäre naiv. Zwar können auch Einzelmenschen ganze Epochen prägen, insbesondere Herrscherfiguren, doch auch deren Denken und Wollen ist Produkt ihrer Zeit. Hinzu kommt, dass ganz ähnliche Phänomene sich auch außerhalb Deutschlands beobachten lassen. Der Kitsch wird zum Signum einer Epoche, die man sehr bald Fin de Siècle nennen wird. Dieses Ende des Jahrhunderts ist unter ästhetischen Gesichtspunkten ein, vielleicht sogar *das* Zeitalter des Zuviel: zu viel Ornament, zu viel Schwere, zu viel Zierrat, zu viel große Gesten, zu viel Pathosformeln. Doch ein Zuviel ist hier nicht einfach nur ein Ausdruck von Maßlosigkeit oder einer Geschmacksverirrung. Hinter dem Zuviel verbirgt sich eine Sehnsucht. Die Sehnsucht nach Behaglichkeit in einer technisierten Welt, die Suche nach Schönheit in einer zunehmend rationalisierten Gesellschaft und das Verlangen nach Exklusivität im Zeitalter der Massenproduktion.

Mit anderen Worten: Die überladene Ästhetik des Fin de Siècle ist nicht einfach nur eine Modeerscheinung, der Versuch, sich von einer Vorläuferepoche abzusetzen, oder eines ästhetischen Eskapismus, sondern Produkt kitschiger Sehnsüchte. Nicht allein der Staat oder gar nur ein bestimmter Staat benutzt kitschige Inszenierungen zur Selbstdarstellung und Legitimation, vielmehr versucht sich die gesamte technisch-industrielle Massengesellschaft Europas eine Ästhetik zu geben, die sie selbst über ihre eigene nüchterne Profanität hinwegtäuschen soll.

Der kitschige Bombast des Fin de Siècle ist somit nichts anderes als die ästhetische Reaktion auf einen breit empfundenen Sinn- und Transzendenzverlust, der mit den Mitteln der sich formierenden Massengesellschaft kaschiert werden soll und alle westeuropäischen Gesellschaften mit unterschiedlicher Intensität erfasst.

Beschränkte die Ästhetik der Französischen Revolution sich – Kurzzeitmoden ausgenommen – weitestgehend auf die Sphäre politischer Kommunikation, so wirkte die kitschige Ästhetik schon während der Herrschaft Napoleons in die Alltagskultur hinein. Die Mode des Empire macht jeden Bürger zu einem kleinen Kaiser und gibt ihm somit die Aura der Ewigkeit. Doch erst im Fin de Siècle ist Kitsch wirklich massentauglich geworden. Das Überladene und Schwülstige wird zum Gestus der Zeit: von der Wohnungseinrichtung über die Architektur bis zur Damenmode und der offiziellen Kunst. Wie in einem letzten Aufbäumen erscheint noch einmal der Glaube an das zeitlos Kunstschöne als Karikatur. Angesichts der dramatischen Veränderungen der Lebenswelt, von Industrialisierung, Technisierung und Urbanisierung, sucht der Bürger der Massengesellschaft Zuflucht in einer Ästhetik, die in offensichtlicher Opposition zur sozialen, wirtschaftlichen und technischen Realität steht, aber gerade deshalb einen Sinnüberschuss und Orientierungswerte zu vermitteln scheint.

Diese überbordende Symbolsprache zieht auch in die Politik ein. Weltliche Institutionen werden endgültig in einen quasireligiösen Kontext gehoben. Was zu Beginn des bürgerlichen Zeitalters als Fest des Höchsten Wesens begann, endet schließlich in einer Verstetigung kitschiger Politinszenierung, in Paraden, Umzügen, Feiertagsinszenierungen, patriotischen Denkmälern und Ähnlichem. Dass sich der politische Kitsch des Fin de Siècle in seiner Formsprache und Aufdringlichkeit nicht von seiner apolitischen Alltagsversion unterscheidet, zeigt, wie sehr die kitschige Politinszenierung von einem allgemeinen Bedürfnis nach emotionaler Geborgenheit, emphatischer Orientierung und quasireligiöser Ergriffenheit getragen ist. Hier macht die Politik kein solitäres Sinnangebot wie noch die radikalen Revolutionäre oder das Kaiserreich Bonapartes, sie ist vielmehr Teil einer umfassenden Kitschkultur. In diesem Sinne stellt das ausgehende 19. Jahrhundert die zweite, noch einmal gesteigerte Verdichtungsphase kitschiger Politkommunikation dar.[10]

Religionsgeschichtlich ist dieser Sprung Ausdruck der vom Ende des 18. bis zum Beginn des 20. Jahrhunderts fortschreitenden Säkularisierung. Versuchte das Fest der Höchsten Wesens vorhandene Volksfrömmigkeit aufzugreifen und politisch zu kanalisieren, so ist die Kitschkultur der Hochindustrialisierung das Produkt einer allgemeinen Orientierungslosigkeit und der Sehnsucht, angesichts des Todes Gottes religiöse Gefühle auf weltliche Dinge zu lenken: das Kunsthandwerk, die Mode, die Künste, die Nation, die Geschichte, den Staat.

Vor dem Hintergrund der Säkularisierung bekommt die kitschige Inszenierung somit eine neue Aufgabe. Sollte sie ursprünglich vorhandene religiöse Gefühle auf neue ideologische

Inhalte richten, so kommt ihr nun die Funktion zu, metaphysisch heimatlos gewordenen Massen Sinnangebote zu offerieren. Das bedeutet: Der Kitsch selbst wird zur Botschaft, das Medium die Message.[11]

Entsprechend gibt es kaum kitschfreie Räume. Die Welt wird eingekleidet in eine Fassade von Bedeutung suggerierender Schwere, von der Front des neobarocken Stadthauses und der bürgerlichen Inneneinrichtungen aus dunklem Holz, dicken Teppichen und samtenen Vorhängen über die ausfernde Damenmode bis hin zu politisch-ideologischen Selbstversicherungen in Gestalt von Bismarcktürmen, Kaiserbildern und Postkarten mit süßlichen Soldaten- und Marinemotiven.

Endgültig kulminiert das politische Kitschangebot während des Ersten Weltkrieges, also im Angesicht des Todes. Noch einmal wird versucht, der Prosa der durchindustrialisierten Welt – hier in ihrer grausamsten Form: dem industriellen Massensterben – ein transzendierendes Sinnangebot zu machen, das den Krieg an sich, den Kaiser, die Oberste Heeresleitung, den Heldentod, die Kameradschaft oder die darbende Geliebte in schon damals anachronistischen und schmalzigen Bildern verklärt.

Bezeichnend für die Kitschkultur des Fin de Siècle, erst recht aber für die Kitschexzesse während des Weltkrieges, ist dabei ein überspannter Historismus. Man wählt Formen, Materialien, Gesten, Posen, Gewänder und Uniformen, die als historisch wahrgenommen werden und somit Orientierung in der Zeit geben. Die religiöse Heilsgeschichte wird ersetzt durch eine nationale Werdungsgeschichte, die von Arminius, eben mal eingedeutscht zum Hermann, bis zu Kaiser Wilhelm reicht und gleichzeitig auf die Sagenwelt des Nibelungenliedes verweist. So mischt sich Germanenschwulst, altdeutsches Gehabe und Preußenkarneval mit moderner Technik und Massenreproduktion. Auf den Kriegsbildpostkarten schützen dralle, wohlgerüstete Germanias die Heimat, Helden hauchen im Sonnenuntergang von Engeln umschwebt ihr Leben aus und Hans Bohrdts „Der letzte Mann" streckt in zahllosen Wohnstuben die Reichskriegsflagge trotzig dem Feind entgegen.

Unübersehbar zwischen all den Lorbeerkränzen, geküssten Fräuleins, geherzten Kindern und gekrönten Seeadlern haben die Motive nicht nur der Kriegszeit zudem eine eindeutig religiöse Konnotation. Dass dabei christliche und vorchristliche Motive gemischt und gefallene Helden auch gerne mal von Walküren gen Walhall geleitet werden, zeigt, dass die hier verwendete Symbolik weniger für die konkret bezeichneten Inhalte steht, sondern eher für einen diffusen Sinnraum, der sich vor allem aus der Geschichte ableitet. Diese gehorcht zwar einer christlichen Struktur von Glauben, Opfer, Auferstehung und Erlösung, wird jedoch rein weltlich und ereignisgeschichtlich gedacht. Die aufgesetzte religiöse Symbolik dient dem Pathos und dem erhabenen Schauer, ist an sich jedoch ganz diesseitig. Und genau diese Inversion des

Religiösen ist, wie schon mehrfach angedeutet, ein konstitutives Element des Kitsches.

Hinzu kommt, dass der Historismus als Kunst- und Architekturepoche an sich eine gewisse Kitschaffinität aufweist. Das nicht, weil man sich an der Vergangenheit orientiert und alte Formen und Ornamente aufgreift, sondern weil das historische Zitat mehr sein will als ein historisches Zitat. Man könnte auch sagen: Der Historismus schrammt deshalb den Kitsch, weil er mehr sein möchte als ein einfacher Historismus. Er möchte Botschaft, also Ideologie sein. Mehr noch: Die in den Historismus eingewobene Weltanschauung ist faktisch eine Wirklichkeitsflucht, eine Verdrängungsleistung. Die kontingente Realität wird aufgehoben in eine historische Großerzählung, die den postreligiösen Staat, seine Institutionen und seine Geschichte in einen transzendenten Sinnzusammenhang stellt. Eine solche Realitätspreisgabe ist in einem Zeitalter der Hochtechnologisierung, der Rationalisierung und industriellen

Standardisierung nur mit dem ästhetischen Mittel des Kitsches zu kommunizieren.

Doch die historistische Politvermarktung in einer technischen und industriellen Moderne musste langfristig scheitern. Aus diesem Grund wandelt sich die Politinszenierung nach dem Ersten Weltkrieg grundlegend. Der Kitsch ist nicht länger historistisch, er wird visionär. Entsprechend gebiert das kitschige Bewusstsein totalitäre Regime mit einer ganz neuen Formsprache. Im Totalitarismus des 20. Jahrhunderts wird das kitschige Denken somit nicht nur ästhetisches Mittel, sondern Programm.

## IV. VOM TOTALITÄREN ZUM ABSOLUTEN KITSCH

Nach dem Ersten Weltkrieg wird der politische Kitsch progressiv. Die aus dem Untergang der alten Welt hervorgegangenen Ideologien verkünden eine neue Zeit. Und wer eine neue Zeit verkündet, der braucht eine neue Ästhetik.

Das bedeutet selbstredend nicht, dass der progressive Kitsch vollständig auf Motive des reaktionären Politkitsches der Vorkriegszeit verzichtet. Untergehende und aufgehende Sonnen verkünden auch hier Erhabenes und Zukunftsfrohes, doch die Sonne strahlt nicht mehr wie in der guten alten Zeit, es strahlt die Zukunftssonne.

Bezog die politische Kommunikation der Vorkriegszeit ihre kitschige Ästhetik im Wesentlichen aus traditionellen Motiven und einem historistischen Gestus, so zielt die politische Selbstdarstellung nach dem Ersten Weltkrieg auf das Neue. Geschaffen werden soll eine neue Gesellschaft, mit neuen Regierungsformen, einer neuen Politik und neuen Menschen. Neue Menschen aber brauchen neue Symbole, eine neue Ästhetik und neue Bilder.

Damit stehen die großen Ideologien des 20. Jahrhunderts – Kommunismus und Faschismus in ihren jeweiligen Spielarten – vor einer ästhetischen Herausforderung. Denn anders als Traditionsorientierte und Konservative, die an das anthropologisch Gegebene oder Natürliche appellieren, haben Kommunisten und Faschisten revolutionäre Botschaften. Sie proklamieren die ganz neue, die ganz andere Gesellschaft. Das Neue aber ist, zumal in den strukturkonservativen Gesellschaften des beginnenden 20. Jahrhunderts, zunächst eine Zumutung und daher rechtfertigungsbedürftig. Der kommunistische Arbeiter- und Bauernkitsch ebenso wie der Volks- und Frontkämpferkitsch der faschistischen Bewegungen hat somit die Aufgabe, die Visionen von der neuen Zeit und der neuen Gesellschaft verständlich und vor allem erträglich zu machen. Der Kitsch soll die Zumutung der zu erwartenden gesellschaftlichen Revolution emotional abfedern.

Hinzu kommt, dass beide Ideologien ohnehin auf latent idyllisch-antimoderne Fantasien aufbauen, also dem romantischen Idealbild der großen Gemeinschaft, die die sozialen Modernisierungsprozesse überwindet und die technische Moderne mit einem vormodernen Sozialgefüge verbindet.

Entsprechend lebt sowohl die kommunistische als auch die faschistische Propaganda von der Gleichzeitigkeit behaupteter Modernität und dem Appell an archaische Bilder. In diesem

Sinne ist der totalitäre Kitsch des 20. Jahrhunderts und die in ihm kommunizierten Ideologien eine Kompensationsstrategie, um die sich permanent beschleunigenden Umformungsprozesse der Moderne in einen Sinnrahmen einordnen zu können.

Die Unterschiede zwischen Faschismus und Kommunismus sind dabei zunächst graduell. Zwar hat, wie schon häufig bemerkt wurde, der faschistische Kitsch einen Hang zur unberührten Natur, zu Bergen, Seen und Tälern, allerdings ist ihm auch die kitschige Technikinszenierung inhärent. Denn auch die faschistischen Bewegungen verstehen sich als Bewegungen, also als Strömungen, die das Alte hinwegfegen werden. Bewegungen aber können sich nicht in sentimentaler Rückschau erschöpfen, sondern müssen auf eine Zukunft verweisen. Ihre Ästhetik ist daher immer latent futuristisch und technizistisch: Fabrikhallen, Schlote, Autobahnen und Automobile, Eisenbahnen, Flugzeuge, Telegrafen und andere Insignien moderner

Technik bestimmen ihre Selbstdarstellung. Sogar die menschlichen Körper wirken zukünftig, sind gesünder, trainierter und modellierter, als es tatsächliche Menschen je waren.

Doch anders als der Kommunismus, der die Geschichte endgültig und in jeder Hinsicht hinter sich lassen will, beziehen sich faschistische Ideologien immer auch auf eine imaginierte Vergangenheit des jeweiligen Volkes oder der jeweiligen Nation. Also werden auch historische Symbole, Gestalten oder Szenarien in die faschistische Politästhetik eingearbeitet. Ein fantastischer Historismus amalgamiert so mit einem nicht minder fantastischen Futurismus.[12] Das Ergebnis ist die spezifisch faschistische Ästhetik, die aufgrund ihrer historistischen Elemente noch kitschanfälliger ist als ihr kommunistisches Gegenstück. Allerdings arbeitet auch die kommunistische Ästhetik mit archaischen Motiven. In der technisierten Welt der Stahlwerke, Traktoren und Staudämme symbolisieren sie das Menschliche und Authentische. Das

Kopftuch der Traktoristin ist das Versprechen auf die vormoderne, im Grunde dörflich-ländliche Verfasstheit der erträumten kommunistischen Gesellschaft. Emblematisch für diese von materialistischer Rhetorik nur unzureichend verstellte Romantik ist die Sichel, die neben dem Hammer zum Symbol kommunistischer Bewegungen wird, eben weil sie von einem Bauerntum kündet, das mit der anhebenden mechanisierten Agrarwirtschaft der Moderne nichts zu tun hat. Wie die Fascis der italienischen Faschisten verweist sie auf eine Vergangenheit, in der die Welt noch mit sich im Reinen war und Bauern mit ihr das Getreide schnitten.

Im Gegensatz zur Sichel sind die Fascis jedoch nicht nur diffuse Zitate einer ländlichen Idylle in einer imaginierten heilen Welt, sondern tatsächliche historische Symbole. Gleiches gilt für Sonnenwendfeiern und Sonnenräder und was sonst noch so im Fundus faschistischer Bewegungen, insbesondere des Nationalsozialismus zu finden ist. Das archaische Symbol oder

Ritual soll hier tatsächlich verbinden, was nicht zu verbinden ist: angebliche Vergangenheit und erhoffte Zukunft, erträumtes Gestern und verkündetes Morgen. So versinkt der Faschismus in einer Steigerungsform des historistischen Kitsches des 19. Jahrhunderts, in einem „Zurück zu einer verflachten Romantik".[13]

Doch totalitärer Kitsch ist nicht nur kitschig, wo er sich im Historismus verliert oder in futuristischen oder technizistischen Fantasien. Politische Bewegungen kämpfen in der Gegenwart, auch wenn sie auf eine imaginäre Zukunft zusteuern. Also versuchen sie das Jetzt zu überhöhen. Das Ergebnis ist ein Kitsch des Gegenwärtigen, der sich als hysterischer Realismus manifestiert. Zum Grundgestus des hysterischen Realismus gehört daher, dass er nicht realistisch ist, sondern die Realität zur Hyperrealität erhebt. Arbeiter, Bäuerinnen, Soldaten, Ingenieure, Mütter, Sportler – sie alle werden zur Beglaubigung der großartigen Gegenwart in überzogenen Stereotypen dargestellt. Die Soldaten sind entschlossener, die Arbeiter härter, die Bäuerinnen kräftiger, die Mütter mütterlicher als in der Wirklichkeit. So verkündet der totalitäre Kitsch das Heilsversprechen und seine Einlösung zugleich. Allein der Glaube an die kitschige Ideologie erhöht den Menschen, lange bevor es die proletarische oder nationale Revolution könnte. Im Kern behauptet der totalitäre Kitsch einen permanenten Kairos, die absolute Versöhnung von Utopie und Realität schon im Hier und Heute, in der großen Tat, in der Revolution, im Krieg, an der Arbeitsfront.

In dem Moment jedoch, wo der Kitsch alle Formen gegenwärtigen gesellschaftlichen Lebens durchdringt – die Arbeitswelt, die Familie, die Wissenschaft, die Freizeit – und normbildend wirkt, wird er inquisitorisch. Es entsteht die propagandistisch kommunizierte Verpflichtung zum kitschigen Leben. Das kitschige Leben jedoch ist ein Leben im Falschen. Die Menschen sollen Rollen spielen, die kitschigen Stereotypen entsprechen. Das aber muss scheitern. Denn die kitschige Propaganda kann zwar die Vergangenheit idealisieren und die Zukunft verherrlichen, die Gegenwart verändern kann sie aber nicht. So läuft die kitschige Ideologie in ihre eigene Falle: Eben, weil kitschige Weltbeschreibung und Realität auseinanderklaffen, entlarvt sich der Kitsch als Kitsch. Dieser Demaskierung und der damit einhergehenden Unzufriedenheit können totalitäre Regime langfristig nur durch Repression begegnen. So mündet der totalitäre Kitsch in harter Realität: der zunehmenden Unterdrückung. In den Worten Milan Kunderas: „Unter diesem Gesichtspunkt kann man den sogenannten Gulag als Klärgrube betrachten, in die der totalitäre Kitsch seinen Abfall wirft." Oder noch drastischer: „Der Kitsch ist eine spanische Wand, hinter der sich der Tod verbirgt"[14].

Wenn die Basis jedes kitschigen Denkens die Behauptung ist, die Realität sei eigentlich eine andere, dann ist rationale Kritik der Todfeind des Kitsches. Also gilt es, den rationalen Kritiker gnadenlos zu bekämpfen, denn er droht den

Schleier des Kitsches zu zerreißen: „Im Reich des totalitären Kitsches sind die Antworten von vornherein gegeben und schließen jede Frage aus. Daraus geht hervor, dass der eigentliche Gegner des totalitären Kitsches ein Mensch ist, der Fragen stellt. Die Frage gleicht einem Messer, das die gemalte Leinwand eines Bühnenbildners zerschneidet, damit man sehen kann, was sich dahinter verbirgt."[15]

Doch wer sich gegen die Selbstsicherheit des totalitären Kitsches auflehnt, kann das nicht mit Zweifeln tun. Einem Glauben kann man nur einen anderen Glauben entgegensetzen, keinen Agnostizismus. So gebiert der totalitäre Kitsch den antitotalitären Kitsch, der nicht minder totalitär ist. Denn auch die Kämpfer gegen den Totalitarismus, „brauchen ihre Sicherheiten und einfachen Wahrheiten, die möglichst vielen verständlich sein und kollektives Tränenvergießen hervorrufen müssen"[16].

So verliert sich der totalitäre Kitsch in einer Spirale aus Repression und Gegenkitsch, die früher oder später in Gewalt umschlägt. Deshalb sind Märtyrer das klassische Ergebnis totalitären Kitsches. Zum einen, weil der sich für eine Idee opfernde Mensch zum Standardrepertoire kitschiger Erzählungen gehört, zum anderen, weil der hingebungsvolle Kampf bei gleichzeitiger Realitätsumdeutung zwangsläufig in Gewalt umschlagen muss – sei es gegen andere oder gegen sich selbst.

Für den totalitären Kitsch ist die Pose, die Phrase alles. Es kommt auf die richtigen Bilder an, die richtigen Metaphern. Sie verfärben die Welt und machen sie groß, erhaben und schön. Das funktioniert so gut, weil Ideologien letztlich nichts anderes sind als Ansammlungen solcher Bilder und Metaphern. Denn „Politische Bewegungen beruhen nicht auf rationalen Haltungen, sondern auf Vorstellungen, Bildern, Wörtern und Archetypen, die als Ganzes diesen oder jenen *politischen Kitsch* bilden"[17].

Totalitärer Kitsch fügt diese Vorstellungen, Bilder und Archetypen zu einer Erlösungsgeschichte zusammen, die auf eine schon in der Gegenwart präsente und verklärte Zukunft verweist. Das bedeutet: Der Kitsch ist hier nicht nur totalitär, weil er einer totalitären Ideologie dient, sondern weil er die Geschichte von einer herrlichen Zukunft erzählt, die sich anheimelnd über die Realität legt und so das eigenständige Denken ausschalten möchte. Totalitärer Kitsch ist der Schleier, der die Wirklichkeit verstellt und den Menschen so ihre Autonomie und geistige Unabhängigkeit nehmen will, indem er sie einlullt in eine Symbolwelt aus sentimentalen Klischees und bekannten Pathosfloskeln, die Vertrauen und Geborgenheit erzeugen sollen.

Doch Schleier kann man zerreißen und Spanische Wände zertrümmern. Das macht den totalitären Kitsch anfällig für Entlarvungen. So sieht sich das kitschige Denken latent bedroht durch den Einbruch der Wirklichkeit in seine Scheinwelt. Mehr noch: Eben weil der totalitäre Kitsch versucht, Realität und politische Vision miteinander zu versöhnen, scheitert er langfristig. Und mit dem totalitären Kitsch scheitert der Totalitarismus.

Was jedoch bleibt, ist die kitschige Sehnsucht nach der Versöhnung der Welt. So sucht sich das kitschige Bewusstsein der Moderne eine Möglichkeit, seine sentimentalen Bedürfnisse zu befriedigen, ohne in die Bilderwelt des totalitären Kitsches zurückzufallen. Zu diesem Zweck aber, muss die Realität selber Kitsch werden, oder anders ausgedrückt: der Kitsch muss zum absoluten Kitsch mutieren.

So gebiert das kitschige Bewusstsein der Moderne nach dem Untergang des totalitären Kitsches schließlich den absoluten Kitsch, also den Traum von der totalen Versöhnung der Welt. Die Realität wird nicht länger kitschig verschleiert, sondern umgedeutet. Man könnte auch sagen: abgeschafft. Die Realitätsverweigerung wird so zum ideologischen Signum der Spätmoderne.[18]

Lebte der totalitäre Kitsch noch von einer Überhöhung spezifischer Erscheinungen der

Moderne, also kitschiger Fantasien von Straßen, Staudämmen, Fabriken und Maschinen, von Arbeitern, Familien und Technikern, so gibt sich der absolute Kitsch realistisch, indem er die Realität zu entlarven versucht. Die Realität, die Wirklichkeit selbst wird zu einem Verblendungszusammenhang uminterpretiert. Der absolute Kitsch lebt vom Pathos des kritischen Bewusstseins, dessen Karikatur er ist.

Bannerträger des absoluten Kitsches wird der kritische Intellektuelle, insbesondere in Gestalt des kritischen Künstlers. Seine Passion ist die Diskreditierung der Realität durch Entlarvung. In Romanen, Filmen, Bildern und Theaterinszenierungen versucht er, der gesellschaftlichen Realität einen Spiegel vorzuhalten und sie so zu demaskieren. Die Realität soll sich als bloße Konstruktion erweisen, als Produkt von Machtverhältnissen, Verwerfungen und Dispositionen. Ihr entgegengesetzt wird eine intellektuelle Traumwelt, die zur eigentlichen Wirklichkeit erhoben wird. In ihr herrscht

Gerechtigkeit, Gleichheit und Brüderlichkeit. Alle Unterschiede sind hier aufgehoben, Differenzen zwischen den Menschen existieren nicht mehr, gesellschaftliche Unterschiede, individuelle Divergenzen, biologische Merkmale werden geleugnet. Der moralische Wunsch ersetzt die nüchterne empirische Beschreibung. Wissenschaftliche Aussagen werden als Ideologie verunglimpft. Selbst so grundlegende Fakten wie die Zweigeschlechtlichkeit des Menschen werden in Zweifel gezogen und versucht, als von Machtinteressen geleitete Konstrukte zu entlarven.

Hier, im absoluten Kitsch, kommt das kitschige Bewusstsein zu sich selbst, indem es die Realität nicht länger mit einem süßlichen Zuckerguss übergießt, sondern die Realität schlechthin leugnet. In diesem Sinne erweist sich der absolute Kitsch als Finale und Höhepunkt des kitschigen Denkens, wie es sich mit dem Bürgertum Ende des 18. Jahrhunderts erstmals formierte. Unfähig, die Ambivalenzen der von ihm geschaffenen Wirklichkeit zu ertragen, flüchtet das bürgerliche Denken in eine Gegenwelt, die ihre angeblich aufklärerische Evidenz aus dem Pathos der Kritik gewinnt. So wendet sich die Aufklärung in der ausgehenden Moderne in Gestalt des absoluten Kitsches schließlich gegen sich selbst.

Leitmotiv der kitschigen Umdeutung der Realität wird die Moralisierung der Weltwahrnehmung. Dinge und Sachverhalte werden nicht länger als solche benannt, sondern im Namen einer hypertrophen Moral bewertet.[19] Der normative Diskurs ersetzt den deskriptiven. Die Wirklichkeit ist nicht länger eine Ansammlung von Tatsachen, sondern von normativen Entitäten. Da aber normative Einordnungen abhängig sind von den Befindlichkeiten und Interessen der betroffenen Subjekte, gelten nicht länger wissenschaftliche Darstellungen als Maßstab realistischer Weltbeschreibung, sondern die subjektiven Befindlichkeiten. Die Welt wird zur Summe individueller Empfindungen.

Im Kitsch befreit sich das emanzipierte und emanzipierende Individuum von den letzten Fesseln, namentlich der Rationalität, der Selbstdisziplin, der Nüchternheit und der Selbstbeschränkung. So gesehen ist der absolute Kitsch die notwendige Konsequenz der sozialen Transformationsprozesse der Moderne. Individualismus, Emanzipation und Autonomiestreben münden in einen Aufstand gegen Rationalismus und Sachlichkeit. Denn rationalistische und sachliche Argumente erheben den Anspruch, Universalisierbarkeit zu sein, also gültig, vollkommen unabhängig von Ort, Zeit oder Umständen. Genau solche Argumente kollidieren unweigerlich mit der Vorstellungswelt des emanzipierten Individuums der späten Moderne und seinem Anspruch auf Autonomie. Diese ist nur gewährleistet, wenn die jeweils idiosynkratischen Vorstellungen und Gefühlswelten des Einzelnen aufgewertet, zum alleinigen Maßstab erkoren und gegen die Zumutungen kühler Rationalität geschützt werden.

In diesem Moment wird das kitschige Denken, wird der absolute Kitsch zur Leitideologie spätmoderner Gesellschaften.

## V. INFANTILISIERUNG, EMOTIONALISIERUNG, KITSCHIGES BEWUSSTSEIN

Die Moderne ist ohne Kitsch nicht denkbar. Alle sozialen Prozesse, die wir mit dem Projekt der Moderne verbinden, laufen auf eine Verkitschung des Denkens und damit letztlich auf eine Verkitschung der gesellschaftlichen Wirklichkeit, des politischen Handelns und der öffentlichen Debatten hinaus.

Denn die Moderne ist die Geschichte der Entfesselung des Individuums und seiner Subjektivität. Das Persönlichste und Subjektivste ist jedoch nicht die rationale Weltwahrnehmung, sondern die individuelle Weltempfindung. Entsprechend gilt es den Rationalismus als persönlichen Vernunftgebrauch zu überwinden, da er nicht wirklich individuell, sondern an überindividuelle Rationalitätsmaßstäbe gebunden ist. Erfüllung findet das nach Orientierung strebende Subjekt der Spätmoderne daher im idiosynkratischen Erfühlen der Welt. Da man aber die Welt nicht erfühlen kann, sondern letztlich immer nur sich selbst, endet, was einmal als Aufklärung im Namen der Wissenschaften begann, in Empfindsamkeit und Eskapismus.

Ursache für diesen Sieg der Gefühle über den Verstand und der Befindlichkeit über die Ratio ist das zutiefst aufklärerische Anliegen einer Kritik der herrschenden Verhältnisse und Normen. Doch womit kaum ein Aufklärer rechnete: Auch die Rationalitätsstandards der Aufklärung lassen sich als Herrschaftsnormen entlarven. Aufklärung selbst, ursprünglich als Befreiung aus selbstverschuldeter Unmündigkeit gedacht, wird im Namen ihrer selbst der Entmündigung überführt.

So kippt Aufklärung in Gegenaufklärung oder einfach in Dummheit. Denn Kritik lässt sich nicht einhegen. Am allerwenigsten mit den Mitteln der Vernunft. Kritik, einmal als intellektuelles Instrumentarium im gesellschaftlichen Machtkampf etabliert, nimmt sich nicht selbst zurück, sondern erkennt ihre prinzipielle Grenzenlosigkeit. Die Kritik emanzipiert sich von ihrem Sinn. Alles lässt sich kritisieren, auch das, was sich im Grunde kaum sinnvoll kritisieren lässt.

Besonders deutlich wird das im Bereich der empirischen Wissenschaften. Hier wird das wissenschaftliche Weltbild im Namen angeblich wissenschaftlichen Denkens attackiert. Antiwissenschaftliches Denken übernimmt wissenschaftliche Begrifflichkeit und wissenschaftliche Argumentationsmuster. Empirische Daten werden umgedeutet, unsinnige Theorien scheinbar wissenschaftlich belegt, gesichertes Wissen mit angeblich wissenschaftlichen Ansätzen infrage gestellt. Und es ist kein Zufall, dass diese Form wissenschaftlich verbrämter Esoterik sich insbesondere in der Medizin und angrenzenden Wissensbereichen etabliert hat. Denn Gesundheit und Körperlichkeit konfrontiert zwangsläufig mit Gedanken an Versehrtheit und Sterblichkeit und eröffnet damit Sinnfragen, die zwar nicht zu beantworten sind, aber gerade deswegen kitschigen Weltdeutungen und den aus ihnen abgeleiteten „Heilverfahren" Tür und Tor öffnen. Die menschliche Existenz wird in ein „ganzheitliches" Naturgeschehen eingebettet, in kosmische Prinzipien oder Harmonien.

Esoterische Medizinen sind daher neben der Politik der präsenteste Ausdruck kitschigen Denkens in der gesellschaftlichen Wirklichkeit spätmoderner Gesellschaft. Hier sammelt sich alles, was dem kitschigen Bewusstsein hoch und heilig ist: die Ausblendung der Wirklichkeit, das Erzählen einer Parallelgeschichte, die Betonung des Emotionalen gegenüber der Vernunft, die

Versüßlichung der Welt, der Versuch, historisches „Wissen" anschlussfähig an die Moderne zu machen, und eine utopische Vision, in der alle Gegensätze aufgehoben sind.

Bezeichnenderweise benutzen esoterische Medizinen ein archaisierendes Vokabular, das die eigene Lehre als uralte Weisheit erscheinen lässt, mit seinen Energien, Feldern und Strömen aber zugleich semantisch anschlussfähig an das technische Zeitalter ist. In Homöopathie, Anthroposophie, TCM, Reiki, Pendeln, Bachblüten-, Edelstein- und Farbtherapie findet das kitschige Bewusstsein der Spätmoderne die von ihm herbeigesehnte Harmonie der Welt, die Auflösung aller Widersprüche, die Ansprache irrationaler Bedürfnisse und das Gefühl, dass auch private Belanglosigkeiten ernst genommen werden. Das nennt sich dann holistisch.

Gegen wissenschaftliche Einwände ist man selbstredend immun, zum einen, weil die modern anmutende Semantik ausreichend Wissenschaftlichkeit suggeriert – immer ist ja von

Energien die Rede –, zum anderen weil die Schulmedizin, gefangen in ihrem szientistischen Weltbild, kalt und herzlos, nicht die emotionale und spirituelle Dimension alternativer Heilverfahren erkennt.

Letzter Richter über Wahrheit und Realität wird das subjektive Empfinden. Wahr ist, was meiner Intuition entspricht, was mit meinen psychischen Bedürfnissen kompatibel erscheint und sich mit meinen sentimentalen Regungen in Einklang befindet. *Wirklich, richtig und gut ist, womit ich mich gut fühle* – das ist der zentrale Lehrsatz des zu sich selbst gekommenen kitschigen Denkens.

Haben sowohl im traditionellen als auch im totalitären Kitsch Gefühle lediglich die Funktion, zwischen Realität und Utopie, Wirklichkeit und Traum zu vermitteln, so wird im Zeitalter des absoluten Kitsches der Traum selbst als Realität aufgefasst. Und Basis aller Sehnsüchte und Träume sind die Empfindungen und Gefühle der beteiligten Subjekte.

Doch wer Gefühle und Wirklichkeit miteinander verwechselt, scheitert langfristig. Das allerdings erschüttert das kitschige Bewusstsein naturgemäß nicht. Denn es kann nicht sein, was nicht sein darf. Das ist der einfache Grund dafür, dass der intellektuelle Kitsch sich selbst als eigentlicher Realismus versteht, als Einsicht in die tiefere Wirklichkeit. Nicht der nüchterne Pragmatiker ist realistisch, sondern der Metaphysiker, der Okkultist, der Prophet, gerne auch der Apokalyptiker.

Hatten die Totalitarismen des 20. Jahrhunderts zumindest noch Visionen davon, wie der Mensch oder die Menschheit eigentlich ist oder zu sein hat, und war es dementsprechend Aufgabe des totalitären Kitsches, diese Visionen zu kommunizieren und mit der Alltagswelt der Menschen, ihren Träumen und Sehnsüchten zu koppeln, so ist der absolute Kitsch der Spätmoderne unmittelbarer Ausdruck von Befindlichkeiten, von Sehnsüchten und individuellen Träumereien. Der absolute Kitsch ist nicht länger Propagandamittel, sondern Denkmuster – deshalb ist er absolut. Hier wird nicht, wie noch in der klassischen Moderne, Ideologie kitschig verbreitet, um das Denken zu manipulieren – das Denken an sich ist kitschig geworden.

In diesem Sinne ist der absolute Kitsch die logische und vermutlich auch unvermeidbare Konsequenz der Individualisierungsprozesse der Moderne. Denn das individuelle am Individuum ist eben nicht seine Vernunft oder seine Ratio. Beide haben allgemeine Gültigkeit. Individuell am nach Individualität strebenden Individuum sind seine Idiosynkrasien, oder kurz: seine Gefühle. Deshalb genießen Gefühle und Emotionen in hoch individualisierten Gesellschaften eine enorme Reputation. Wichtig ist daher auch nicht, wie es dem Einzelnen objektiv geht, sondern wie er sich subjektiv fühlt. Das subjektive Befinden wird zum allein gültigen Maßstab. Denn das autonome Subjekt duldet keinen Richter über sich, schon gar nicht hinsichtlich seiner eigenen Empfindung.

Entsprechend wandeln sich die Ansprüche an die Gesellschaft und damit an den modernen Wohlfahrtsstaat. Seine Hauptaufgabe ist nicht länger die Beseitigung und Kompensation objektiver Nöte und Mängel, sondern die Befriedigung subjektiver Bedürfnisse. Maßstab sozialpolitischen Handelns wird das persönliche Empfinden. Da dieses aber abhängig ist von den individuellen Plänen und Lebensvorstellungen, also von persönlichen Normen, Werten und Überzeugungen, werden diese zu relevanten Aspekten staatlichen Handelns. Einfach gesagt: Das Private wird politisch. Deshalb auch hat die Kulturrevolution, die mit dem Schlagwort „68" in Verbindung gebracht wird, einen nachhaltigen Beitrag zur Verkitschung öffentlicher Debatten geleistet: Mit einem Mal war es möglich, das individuelle Empfinden und persönliche Problemchen als ernst zu nehmendes politisches Argument zu gebrauchen.

Wenn aber das Private politisch wird, dann wird der Emotionalisierung des öffentlichen

Raumes endgültig Tür und Tor geöffnet. Weil jeder seine auf persönlichen Empfindungen ruhenden individuellen Anliegen politisch repräsentiert oder besser noch durchgesetzt sehen möchte und diese zudem eine hohe Bedeutung haben, wird die Befriedigung individueller emotionaler Bedürfnisse zum politischen Anliegen des spätmodernen Wohlfahrtsstaates. Dieser hat nun nicht mehr nur für eine gewisse temporäre Grundsicherung zu sorgen, sondern Chancen und Perspektiven zu eröffnen.

Das führt zwangsläufig zu einer moralischen Aufwertung subjektiver Befindlichkeiten. Diese sind nun nicht länger persönliche Gefühle, sondern Basis moralischer Anliegen und Forderungen. In diesem Moment wird das kitschige Denken politisch. Und da emotionale Anliegen nur in der Sprache der Emotionalität sinnvoll zu kommunizieren sind, gebiert das kitschige politische Denken schlussendlich den politischen Kitsch in Form und Inhalt.

Die zunehmende Verkitschung des politischen Diskurses ist somit ein direktes Produkt der Subjektivierung moralischer Anliegen. Damit einher geht zugleich der Triumph der Gesinnungs- über die Verantwortungsethik. Das kitschige Bewusstsein zeigt sich überfordert durch Komplexität und Abwägungen zwischen unterschiedlichen Interessen und Gütern. Verantwortungsethisches Handeln, das versucht, aus verschiedenen Perspektiven unterschiedliche Güter in Beziehung zu setzen, ist ihm fremd. In seinem Bedürfnis nach einer einfachen, heilen und übersichtlichen Welt setzt es die reine Gesinnung über rationale Abwägung. Denn reine Gesinnungen fühlen sich besser an.

Intellektueller Kitsch ist mithin Ausdruck einer unmittelbaren Ambivalenzverweigerung. Und politischer Kitsch ist die Proklamierung von Unterkomplexität. Im Grunde ist alles einfach, man braucht nur Menschlichkeit, ein gutes Herz, Nächstenliebe, Empathie oder was auch immer. Wenn alle Menschen nur gut wären und nett, dann könnte die Welt doch so schön sein.

Doch die Welt ist nicht schön. Ihr erträumter und ihr realer Zustand klaffen auseinander. Also wird das kitschige Bewusstsein aggressiv und vor allem repressiv. Denn der permanente Widerspruch zwischen faktischer Realität und gefühlter und empfundener Wirklichkeit führt zu einer kognitiven Dissonanz. Und die wiederum führt zu Enttäuschungen, die sich in Ressentiments entladen. Diese richten sich allerdings nicht gegen den eigentlich Schuldigen, die unvorteilhaft eingerichtete Welt, sondern gegen diejenigen, die mit Realismus auf die Welt schauen. Der Bote ist schuld.

So kippt schließlich das kitschige Bewusstsein in Hass. Aus demonstrativer Sanftmut und zur Schau getragener Achtsamkeit wird Rücksichtslosigkeit und Brutalität. Für das kitschige Gemüt sind alle nicht kitschigen Gemüter eine unerträgliche Belastung, denn sie konfrontieren es mit der Realität. Also reagiert es mit unverhohlener Wut und offener Verachtung. Alle, die nicht die verklärte Weltsicht des kitschigen

Bewusstseins teilen, werden zu Unmenschen erklärt. Was einmal als süßlich warmherzige Pose begann, zeigt in der politischen Realität der Spätmoderne seine hässliche Fratze: Das kitschige Gemüt enthüllt sein autoritäres Wesen. Wer seine Gefühle nicht teilt, hat nicht nur andere Empfindungen, sondern eine unverzeihliche Schwäche. Denn aus Sicht des kitschigen Denkens gibt es zu ihm keine legitime Alternative. Die nicht kitschige Weltsicht ist schlichter Verrat an der guten Sache und an der Menschlichkeit schlechthin.

Also gilt es jede nicht kitschige Perspektive und jedes nicht kitschige Weltverständnis zu verbannen und zu diskreditieren. Das geht am besten dadurch, dass das kitschige Gemüt sich selbst zum normativen Goldstandard erhebt. Nur kitschige Moral ist wirklich moralisch, und nur kitschige Politkommunikation ist die angemessene Form, diese kitschigen Anliegen zu formulieren. Da aber die meisten Menschen von Natur aus opportunistisch sind und auf keinen Fall aus ihrer sozialen Gruppe ausgegrenzt werden wollen, gewinnt in der Spätmoderne nicht nur der kitschige Jargon, sondern auch das kitschige Denken die Deutungshoheit über Politik, Gesellschaft und Kultur. Die Welt hat sanft, nachhaltig, schonend und achtsam zu sein – und das wird mit größter Brutalität durchgesetzt.

So wird das kitschige Denken in Gestalt des politischen Kitsches schließlich zur Gefahr für die Demokratie.[20] Einseitigkeit wird zur Tugend, Borniertheit zu einem Ideal. Wer etwa in sozialen Fragen, bezüglich des Migrationsproblems oder hinsichtlich des Umweltschutzes, auch nur differenzierte Ansichten vertritt, wer skeptisch ist oder gar hinterfragt, setzt sich dem geballten Zorn der Kitschigen, Sentimentalen und Gerührten aus. Doch hoch emotionalisierte Menschen sind für ihre Artgenossen gefährlicher als kühle Rationalisten. Denn es sind die kitschigen Leidenschaften, die Menschen unbedacht, rücksichtslos und selbstgerecht machen.

So erweist sich das kitschige Bewusstsein und die von ihm forcierte politische Rhetorik als die Konsequenz der sozialen Umformungsprozesse der Moderne. Was einmal im Namen der Aufklärung als Emanzipation, Individualismus und persönliche Gewissheit begann, degeneriert unter den Bedingungen postindustrieller Massenwohlstandsgesellschaften zu Eskapismus, Narzissmus, Sentimentalität und Empfindsamkeit, also dem soziopsychologischen Nährboden für eine umfassend durchkitschte, autoritäre Gesellschaft. Denn in dem Moment, in dem die Menschen befreit sind von ökonomischen Sorgen und den Restbeständen tradierter Kulturregeln, schlägt Aufklärung um in ihr Gegenteil. Schließlich wusste schon Adorno: Aufklärung ist Massenbetrug.

# VI. EINE DEUTSCHE SPEZIALITÄT

Der Deutsche hat ein besonders inniges Verhältnis zum Kitsch. Und das nicht allein wegen Drosselgasse, Rothenburg, Hummel-Figuren, Christkindlmarkt und Gartenzwergen. Kitsch ist *die* heimliche deutsche Ideologie. In Deutschland glaubte man stets an das Höhere, an die reine Vernunft, an den Lauf der Geschichte, an die Dialektik, die Kultur, die Nation, später an das Grundgesetz, die westlichen Werte, die Demokratie, die Zivilgesellschaft oder einfach an das Gute.

Natürlich gab und gibt es all diese Phänomene auch in anderen Ländern, doch nur in Deutschland sind und waren sie so standhaft flankiert von einem entschlossenen Willen zur Weltfremdheit und einer tief sitzenden Abscheu gegen jede Form des Pragmatismus. Und es ist kein Zufall, dass ausgerechnet in Deutschland jene Philosophien und Ideologien ihre Wurzeln haben, die die Verachtung für einen robusten Realismus und Pragmatismus intellektuell salonfähig gemacht haben. Denn in Deutschland ist man verliebt in Ideen, nicht in die Wirklichkeit. Da aber Ideen und Wirklichkeit zwei Dinge sind und leicht auseinanderlaufen, ist man in Deutschland seit jeher bemüht, Ideen und Wirklichkeit miteinander zu versöhnen: in Monaden, in der reinen Vernunft, dem absoluten Ich, der Identität von Natur und Denken, dem Absoluten in der Geschichte. Intellektueller Kitsch gehört zu Standardausrüstung des durchschnittlichen deutschen Intellektuellen. Entsprechend will man eben mal die Welt retten, den Frieden, das Klima, die Artenvielfalt oder zumindest die Rotbauchunken im Teich nebenan. Da aber die Welt bei diesen universalen Rettungsplänen nicht immer mitmachen will und mitunter sich sogar wenig begeistert zeigt, soll am deutschen Wesen die Welt genesen. Das ist die ideologische Grundkonstante deutschen Denkens, vom national gesonnenen Imperialisten des 19. Jahrhunderts bis zur modernen, offenen und nachhaltigen Chai-Tea-Latte-Mutti unserer Gegenwart.

Ihr Hang zum intellektuellen und schließlich zum politischen Kitsch blieb auch den Deutschen selbst nicht verborgen. Deshalb gehört es traditionell zu den Lieblingsbeschäftigungen deutscher Traumtänzer, sich wechselseitig der Traumtänzerei zu überführen. Denn kitschig ist immer der andere. Daher verwundert es auch nicht, dass ausgerechnet derjenige, der bissig die deutsche Ideologie aufs Korn nahm[21], der deutscheste Ideologe unter allen deutschen Ideologen war. Denn nur ein Deutscher bringt es vermutlich fertig, sich einen dialektischen Materialismus zurechtzulegen, der alles Mögliche ist, nur ganz sicher nicht materialistisch. Merke: Materialistische Rhetorik schützt vor Romantik nicht.

Doch romantisches Denken ist der spezifisch deutsche Weg in die Moderne. Hier liebt man die beschauliche Innerlichkeit, das Rührselige, die Waldeinsamkeit, die Naturverbundenheit oder zumindest den Wahn von der Aufhebung aller gesellschaftlichen Widersprüche. Was in anderen Ländern, in England, den USA, in Frankreich, allenfalls intellektuelle Randphänomene sind, die sich bewusst versuchen, von der Mehrheitskultur abzusetzen, beherrscht östlich des Rheins das intellektuelle Klima. Und obwohl Deutschland Ende des 19. Jahrhunderts zur führenden Wissenschafts- und Wirtschaftsnation aufsteigt, bleibt insbesondere das Bürgertum und mit ihm die allermeisten Künstler, Literaten und Intellektuellen romantischen Denkmotiven tief verbunden. Das ist an sich zunächst weder problematisch noch gefährlich. Im Gegenteil. Insbesondere auf dem Gebiet der Kunst, der Literatur und Musik verdankt die Welt dieser sehr deutschen Stimmungslage ihre beeindruckendsten Kunstwerke. Allerdings gelingt es dem deutschen Bürgertum nicht, die Kluft zwischen einer hoch technisierten Gesellschaft und seinen romantischen Denkkoordinaten überzeugend zu schließen. Das Ergebnis ist die Flucht in den intellektuellen Kitsch, also der hilflose Versuch, die durchrationalisierte Lebenswelt der Moderne und die Sehnsucht nach Harmonie, Innerlichkeit und Authentizität zugunsten letzterer aufzuheben. Die Welt selbst wird zum Kunstwerk erklärt.

Doch die Welt ist kein Kunstwerk und die Gesellschaft schon einmal gar nicht. Also verliert man sich in Deutschland entweder in latent autoritäre Erlösungsfantasien oder berauscht sich am Untergang. Denn in Deutschland, dem Land der Romantik, liebt man nicht nur den Erlösungskitsch, also die große Heilsgeschichte, die das Trostlose sinnvoll und das Hässliche schön macht, sondern auch die dunkle Romantik, die Götterdämmerung, die Höllenfahrt.

Mit Inbrunst schaut man in Deutschland daher gerne auf das große Finale, die drohende Katastrophe. Das wonnige Grausen, der erhabene Schauer gehört zur deutschen Gemütslage wie Popcorn zum Kino. Also entzückt man sich an Untergangsszenarien aller Art, vom Waldsterben über den Atomtod, dem Ozonloch, dem sauren Regen bis zur anbrechenden Eiszeit oder Erderwärmung. Konsequenterweise wird eine Apokalypse nach der anderen fantasiert.

Aber auch Endzeitkitsch ist Kitsch. Denn das apokalyptische Szenario wird nicht einfach als reale Bedrohung genommen, sondern als Weltgericht, als Sühne für den Abfall von der natürlichen Ordnung. Da in einer säkularisierten Gesellschaft der Sünder aber nicht mehr gegen eine höhere Ordnung verstößt, sondern allenfalls gegen Naturgesetze, erfolgt auch die Bestrafung nicht im Jenseits oder am Ende aller

Tage, sondern im Hier und Jetzt in Gestalt von Klimakatastrophen, steigendem Meeresspiegel, Ozonlöchern, Artensterben, Dürre oder dergleichen.

Doch Deutschland wäre eben nicht Deutschland, wenn Naturgesetze dort nur Naturgesetze wären. Hierzulande ist Natur immer mehr, nämlich Subjekt. Auch das ist, neben Innerlichkeit, Subjektivität und Empfindsamkeitskult, ein Erbe der Romantik. Ein Subjekt aber erinnert sich, hat eine persönliche Identität, einen unveränderlichen Kern und: es kommuniziert. Also gibt man sich in Deutschland fest davon überzeugt, dass die Natur nicht vergisst, dass sie nicht verzeiht, dass sie mit uns spricht, dass man allerdings nicht mit ihr verhandeln kann. Für das deutsche Gemüt ist die Natur nicht einfach eine Biosphäre, sondern sie wird, wie für das kitschige Denken üblich, ethisch und ästhetisch aufgewertet. Also belohnt die Natur oder bestraft, hart, aber gerecht, grausam und unerbittlich, sie ist wunderschön und doch gnadenlos, lieblich und ungestüm, betörend und dabei immer gefahrvoll. Diese Gedankenwelt ist nicht nur Kitsch in Vollendung, sondern zugleich voraufklärerisches und mythologisches Denken in Reinform.

Bezeichnenderweise wird in dieser Schmonzette der Mensch nicht als Teil der Natur gedacht, sondern als Fremdkörper. Und die moralischen Rollen sind dabei auch verteilt. In einer Art Inversion des christlichen Bildes von der „Krone der Schöpfung" mutiert der Mensch zum Fehler im System, zum Störenfried, zum Alleszerstörer, ohne den die Welt viel schöner und besser wäre.

Entsprechend gehört ein mehr oder minder verschämter Antihumanismus zur klassischen Tradition deutscher Kitschseligkeit. Berauscht von dem Bild der heilen Welt, in der das Lamm neben dem Löwen weidet und die ohne den Menschen ein Hort der Harmonie und Seligkeit wäre, wendet sich das kitschige Gemüt konsequenterweise gegen den Menschen selbst, der als Schöpfungsfehler entlarvt wird, als geradezu diabolische Kreatur, die erst Zerstörung und Unfrieden in die Welt bringt.

Nicht nur hier zeigt sich das kitschige Denken als zutiefst manichäisch. Zwischentöne kennt das kitschige Bewusstsein nicht. Alles, was seinen Empfindungen, seinen Gefühlen zuwiderläuft oder gar widerspricht, muss rigoros überwunden werden. Denn Kompromisse gibt es nur im Bereich rationalen Meinungsaustausches. Doch der ist aus Sicht kitschiger Gemüter Verrat an der Sache. Für das kitschige Politbewusstsein gibt es nur eine legitime Überzeugung und das ist die eigene, da sie durch Gefühle und Empfindung, durch Empathie und Wärme beglaubigt, ja autorisiert wurde.

Insofern ist das kitschige Denken in Deutschland nicht nur Ausdruck einer latent infantilisierten Gesellschaft, sondern auch einer kollektiven Regression als Ergebnis der traumatischen Erfahrungen des 20. Jahrhunderts. Unter dem Eindruck des Infernos, von Massensterben, Totalzerstörung, Vertreibungen und Völkermord, flüchtet sich der Deutsche in die Sehnsucht nach einer heilen Welt. Die Welt soll gesunden und zwar sofort und umfassend, und jeder, der Zweifel an dieser Weltrettungsvision hat, ist aus der Gemeinschaft der Zivilisierten zu verbannen. Wie unmittelbar nach dem Zweiten Weltkrieg die Menschen in die schmierige Süßlichkeit der Heimatfilme flohen, um die erlebte Gräuel zu vergessen, so werfen sie sich zwei Generationen später in den politischen Kitsch, um die Wirklichkeit nicht an sich heranzulassen und die ererbten Wunden nicht wieder aufzureißen.

Es ist die traumabedingte Härte und Unnachgiebigkeit, die den politischen Kitsch in Deutschland von dem anderer infantilisierter Gesellschaften unterscheidet. Naivität, Arglosigkeit, übertriebene Empfindsamkeit, Leichtgläubigkeit, der Verlust an kritischem Denkvermögen und die Begeisterung für unterkomplexe Lösungen sind auch in anderen westlichen Wohlstandsgesellschaften omnipräsent. In Deutschland jedoch steigert sich diese Geisteshaltung zu einem aggressiven, die Welt belehrenden und die Welt bekehren wollenden Missionskitsch. Dass diese Haltung zugleich so etwas wie eine therapeutische Selbstanklage ist, macht sie aus deutscher Sicht nur noch attraktiver. Das ist faktisch eine Form kollektiver Regression, lässt sich aber nach außen und innen als Lernen aus der Geschichte verkaufen.

Nirgendwo in der westlichen Welt wird die Realität daher im Namen eines vermeintlichen Realismus tapferer und unversöhnlicher geleugnet als zwischen Alpen und Nordsee. Dass man dabei wie ehedem dem Rest der Welt deutsche Superiorität und Einmaligkeit demonstriert, fällt den wenigsten auf, ist aber symptomatisch. So sieht der moderne Germane Deutschland in besonderer Verantwortung für alles und jedes: den Weltfrieden, das Weltklima, die weltweiten Menschenrechte. Dass die Welt sich nicht immer bekehren lassen möchte, am allerwenigsten von den wenig smarten, traumatisierten Nordländern, ist den Einwohnern des Landes der organisierten Verbissenheit jedoch nur schwer zu vermitteln. Doch selbst wenn: Es gehört zur Eigenart des kitschigen Denkens, dass es sich von seinem Weg nicht abbringen lässt. Denn das kitschige Denken weiß sich als die höhere Wahrheit und Ausdruck des Weltgeistes. Also lässt es sich durch Einwände von außen kaum beeindrucken, denn es weiß sich selbst als die Wahrheit.

So spinnt sich der von intellektuellem Kitsch beseelte Deutsche weiter sein trübes Weltbild zusammen, eine abstoßende Melange aus Hypersensibilität, Achtsamkeit, Nabelschau, aggressiver Friedfertigkeit, naturheilkundlichem Firlefanz, Esoterik, Betulichkeit und einer Vorliebe für fade Rührseligkeit. Das alles hat, wie versucht wurde zu zeigen, kulturhistorische Gründe. Allerdings ist dieser Ungeist vor allem auch das Produkt prosperierenden Massenwohlstandes. Man braucht daher kein Zyniker zu sein, um die Erwartung zu hegen, dass sich das Problem des kitschigen Politbewusstseins zumindest teilweise von selbst löst.

# ANMERKUNGEN

1 Umberto Eco definiert Kitsch daher als „Kommunikation, die auf die Auslösung eines Effekts zielt". Weshalb auch, so Eco, „Kitsch und Massenkultur gleichgesetzt wurden". Die moderne Kunst, sowohl in der Literatur als auch in der Musik oder der bildenden Kunst, ist demnach eine Reaktion der Künstler auf die entstehende Massenkonsumgesellschaft. Das Kunstwerk soll keine emotionalen Effekte mehr erzeugen, sondern seinen Entstehungsprozess reflektieren und Diskurse abbilden (vgl. Umberto Eco, Die Struktur des schlechten Geschmacks, in: Ders., Apokalyptiker und Integrierte. Zur kritischen Kritik der Massenkultur, Frankfurt/Main, S. 64f.). In Reaktion auf die durch die weltweite Konsumgüterindustrie massenhaft erzeugten emotionalen Effekte verkommt Hochkultur zur Avantgarde.
2 Milan Kundera, Die unerträgliche Leichtigkeit des Seins, München 1984, S. 240.

3 Ebd.

4 Panajotis Kondylis, Der Niedergang bürgerlicher Denkformen. Die liberale Moderne und die massendemokratische Postmoderne, Weinheim 1991, S. 26.

5 Hermann Broch, Einige Bemerkungen zum Problem des Kitsches, in: Ders., Dichten und Erkennen. Essays Band I, Zürich 1955, S. 301.

6 Ebd., S. 305f.

7 Ebd., S. 306.

8 Ebd., S. 307.

9 Ebd., S. 308.

10 Abraham Moles betont daher, „dass der Kitsch zu dem Zeitpunkt kulminiert, zu dem sich auch das Bürgertum siegreich durchsetzt; er kulminiert zum zweiten Mal, als die Überflussgesellschaft den Führungsanspruch erhebt!" (A. A. Moles, Psychologie des Kitsches, München 1972, S. 79).

11 In diesem Sinne versteht Bettina Gruber Kitsch als solchen „als eine Antwort auf den historisch rapide steigenden Innovationsdruck der Moderne, als ästhetische Bewältigungshilfe" (vgl. B. Gruber, Sublimer Kitsch und intellektuelle Allmachtsphantasie. Ein Blick auf Heiner Müller und Bertolt Brecht unter besonderer Berücksichtigung von „Zement" und „Die Maßnahme", in: B. Gruber, R. Parr (Hrsg.), Linker Kitsch. Bekenntnisse – Ikonen – Gesamtkunstwerke, Paderborn 2015, S. 21).

12 Zu Recht betont B. Gruber daher: „Der Nationalsozialismus ist in dieser Hinsicht in gewisser Weise eine Ausgeburt des Historismus […]. Seine Ideologiebildung ist vergleichbar mit der des Thronsaals von Neuschwanstein" (vgl. dies., Sublimer Kitsch, S. 22).

13 S. Friedländer, Kitsch und Tod. Der Widerschein des Nazismus, Frankfurt/Main 2007, S. 35. Allerdings ist der Faschismus nicht einfach nur „eine Rebellion gegen die Moderne gewesen" (ebd.), wie Friedländer nahelegt, sondern eben eine moderne Rebellion gegen die Moderne, wie man an seiner Ästhetik ablesen kann.

14 Milan Kundera, Die unerträgliche Leichtigkeit, S. 241f.

15 Ebd., S. 243.

16 Ebd.

17 Ebd., S. 246.

18 Das kitschige Bewusstsein produziert daher in schöner Regelmäßigkeit das, was der Philosoph Harry Frankfurt Bullshit genannt hat (H. G. Frankfurt, Bullshit, Frankfurt/Main 2014).

19 Vgl. hierzu: Alexander Grau, Hypermoral. Die neue Lust an der Empörung. München 2017, S. 52f.

20 Martha Nussbaums Unterscheidung in gute und schlechte politische Emotionen und ihr Plädoyer für eine gefühlsgetragene Politik ist daher ebeso naiv wie ein Symptom unserer Zeit (vgl. M. Nussbaum, Politische Emotionen. Warum Liebe für Gerechtigkeit wichtig ist, Berlin 2016).

21 K. Marx, F. Engels, Die deutsche Ideologie, Kritik der neuesten deutschen Philosophie in ihren Repräsentanten Feuerbach, B. Bauer und Stirner, und des deutschen Sozialismus in seinen verschiedenen Propheten, in: Dies., Werke (MEW), Bd. 3, S. 9.

# „EMPÖRT EUCH!"

Alexander Grau
**Hypermoral**
Die neue Lust an der Empörung
ISBN 978-3-532-62803-4

Moral ist zur Leitideologie und zum Religionsersatz unserer postreligiösen Gesellschaft mutiert. Wer sich diesem Diktat der totalen Moral zu entziehen sucht, wird gesellschaftlich sanktioniert. Alexander Grau liefert in seinem viel beachteten Buch eine schonungslose Bestandsaufnahme des zeitgenössischen Hypermoralismus und entlarvt die Grundlagen dieser grotesken Ideologie.